Novo
O Livro do Orador
Oratória Maçônica

Carlos Brasílio Conte

Novo
O Livro do Orador
Oratória Maçônica

© 2024, Madras Editora Ltda.

Editor:
Wagner Veneziani Costa (*in memoriam*)

Produção e Capa:
Equipe Técnica Madras

Revisão:
Cecília B. A. Teixeira
Letícia Gonçalves
Denise Roberti Camargo

Dados Internacionais de Catalogação na Publicação (CIP)
(Câmara Brasileira do Livro, SP, Brasil)

Conte, Carlos Brasílio
Novo o livro do orador: oratória maçônica/
Carlos Brasílio Conte. – 9. ed. – São Paulo: Madras, 2024.
ISBN 978-85-370-0499-9
1. Maçonaria Discursos, ensaios, conferências
2. Oratória I. Título.
09-05660 CDD-366.1

Índices para catálogo sistemático:
1. Oratória maçônica: Sociedades secretas 366.1

Proibida a reprodução total ou parcial desta obra, de qualquer forma ou por qualquer meio eletrônico, mecânico, inclusive por meio de processos xerográficos, incluindo ainda o uso da Internet sem a permissão expressa da Madras Editora, na pessoa de seu editor (Lei nº 9.610, de 19.2.98).

Todos os direitos desta edição reservados pela

MADRAS EDITORA LTDA.
Rua Paulo Gonçalves, 88 — Santana
CEP: 02403-020 — São Paulo/SP
Tel.: (11) 2281-5555 – (11) 98128-7754
www.madras.com.br

Deus Quer...
O Homem Sonha...
A Obra Nasce...

(Fernando Pessoa)

"Ainda não se escreveu um livro que seja do agrado de todos."

(Caracciolo)

"Oh! Bendito o que semeia
Livros... livros à mão cheia
E manda o povo pensar.
O livro, caindo n'alma,
é germe – que faz a palma,
É chuva – que faz o mar."

(Castro Alves)

Dedicado a

Angela Conte, esposa e companheira de todas as horas.

Leonardo, Flávia e Tatiana, filhos amorosos e exemplares.

Emílio e Kasimira, pais inesquecíveis – (in memorian*).*

Vitor, neto maravilhoso.

Índice

Prefácio 17
Primeira Parte – Pequenas peças de Arquitetura a serem incluídas nas conclusões da Oratória na rotina das Sessões Econômicas 19
1. Ao assumir pela primeira vez a Oratória 21
2. Cumprimentos a um Irmão que Anuncia seu Casamento 22
3. Cumprimentando um Irmão pelo Nascimento de seu Filho 23
4. Por ocasião de um Desenlace 24
5. Palavras a um Irmão que Sofre 25
6. Por ocasião da Entrega de uma Medalha, Condecoração ou Diploma 26
7. Comentários e Enaltecimentos a um Ilustre Irmão conferencista 27
8. Na Sessão de Abertura, após as Férias Maçônicas ... 28
9. Após o V∴M∴ anunciar e nomear os Cargos de uma Nova Administração 29
10. Elogios ao Mestre de Harmonia 30
11. Elogios ao Irmão Secretário e aos Irmãos Aprendizes ... 31
12. Exortando os Irmãos a Realizarem um Empreendimento 33
13. Comentando o Sucesso de um Empreendimento da Loja 34
14. Exortando os Irmãos a um Ato de Solidariedade 35
15. Incentivando os Irmãos a Estudarem as Leis Maçônicas 36
16. Combatendo a Superstição 37

17. Discorrendo sobre a tríade: Liberdade, Igualdade
 e Fraternidade 38
18. Após uma Sessão em que os Ânimos se Alteram 39
19. Respostas do Orador às Críticas (construtivas)
 dos Irmãos 40
20. Respostas do Orador às Críticas Injustas, Ácidas
 ou Irônicas 41
21. Elogios à Maçonaria 43
22. Diversas Formas de Agradecimento em Loja
 a Irmãos Visitantes 44
23. Palavras Finais após os Agradecimentos aos
 Irmãos Visitantes 46
24. Despedida da Oratória na Mudança de Administração 47

Segunda Parte – Peças de Arquitetura alusivas a
efemérides e datas importantes para serem lidas pela
Oratória nas ocasiões propícias 48

1. Fundação da Cidade de São Paulo (25 de janeiro) 49
2. Dia Internacional do Maçom (22 de fevereiro) 50
3. Dia Internacional da Mulher (8 de março) 51
4. Festa Anual da Árvore (31 de março) 52
5. Tiradentes (21 de abril) 53
6. Dia do Trabalho (1º de maio) 54
7. Descobrimento do Brasil (22 de abril) 55
8. Abolição da Escravatura (13 de maio) 56
9. Dia das Mães (segundo domingo de maio) 57
10. Dia Mundial do Meio Ambiente (5 de junho) 59
11. Fundação do Grande Oriente do Brasil (17 de junho) 61
12. Dia de São João, Nosso Padroeiro (24 de junho) 62
13. Dia Internacional de Combate às Drogas (26 de junho) 63
14. Queda da Bastilha (14 de julho) 65
15. Dia dos Pais (segundo domingo de agosto) 66
16. Semana do Exército (18 a 25 de agosto) 67
 Dia do Soldado (25 de agosto) 67
17. Dia do Maçom (20 de agosto) 68
18. Dia da Independência (7 de setembro) 69
19. Dia da Criança (12 de outubro) 70
20. Dia do Professor (15 de outubro) 71

21. Proclamação da República (15 de novembro) 72
22. Dia da Bandeira (19 de novembro) 73
23. Dia do Imigrante (1º de dezembro) 74
24. Natal (25 de dezembro) 75

Terceira Parte – Peças de Arquitetura para Sessões Magnas 76

1. Iniciação 77
   Texto nº 1 77
   Texto nº 2 79
2. Elevação 81
3. Exaltação 83
4. Regularização 86
5. Filiação 87
6. Inauguração de Templo 88
7. Posse de Nova Administração 90
8. Sagração de Estandarte 92
9. Consagração Matrimonial 93
10. Adoção de Lowtons 94
11. Banquete Ritualístico 96
12. Sessão Pública 98

Quarta Parte – Tempo de Estudos 101

1. O Uso da Palavra em Loja 103
   Leitura do Balaústre 104
   Ordem do Dia 104
   Tempo de Estudos 104
   Palavras a bem da Ordem e do Quadro 105
2. A Decifração dos Símbolos Maçônicos 107
3. O Tronco da Beneficência 110
4. Em Busca de um Mestre 113
5. Parábola do Semeador 115
6. Estrelas 119
7. Ode a uma Loja 120

Quinta Parte – O que um Orador deve Saber 122

Vinte Regras Práticas da Boa Oratória 123
Oratória: Teoria e Técnica 125

Artigos da Constituição e do Regulamento Geral da
Federação que dizem Respeito Diretamente ao Orador 130
Constituição do G∴O∴B∴ 130
R.G.F. do G∴O∴B∴ 130
Ritual do Primeiro Grau – Aprendiz, R∴E∴A∴A∴ 131
Manual de Dinâmica Ritualística do
Primeiro Grau – R∴E∴A∴A∴ 131

Sexta Parte – "Pensamentos" 132

Pensamentos 134
    Amizade 134
    Analfabetos 134
    Ateísmo 134
    Beleza 135
    Bem 135
    Bom Senso 135
    Caráter 135
    Caridade 135
    Consciência 135
    Conselhos 136
    Crianças 136
    Críticas 136
    Defeitos 136
    Desgraças 136
    Deus 136
    Dever 136
    Direitos 136
    Esmola 137
    Esperança 137
    Favorecimento 137
    Felicidade 137
    Generosidade 137
    Governo 137
    Guerra 138
    Hábito 138
    Heroísmo 138
    História 138
    Homens 138

Homenagens 139
Honrarias 139
Ignorância 139
Injustiça 139
Inveja 139
Jogo 139
Justiça 139
Lágrimas 139
Lei 139
Liberdade 140
Maledicência 140
Mentira 140
Mérito 140
Mestre 140
Mistério 140
Mundo 140
Nobreza 140
Ócio 141
Olhos 141
Opinião Pública 141
Oposição 141
Paixões 141
Pátria 141
Paz 141
Pensamento 141
Perdão 141
Perfeição 141
Poder 142
Progresso 142
Promessas 142
Recompensas 142
Revolução 142
Ridículo 142
Sabedoria 142
Sociedades 142
Tentativas 143
Tirania 143
Tolerância 143

Trabalho 143
Velas 143
Verdade 143
Vergonha 143
Vício 144
Vida 144
Violência 144
Virtude 144
Voracidade 144
Vitória 144

Sétima Parte – Apêndice: Temas para Debates
e Reflexões em Lojas 145

   A Mulher na Maçonaria 146
   Retórica 148
   Ao Mais Digno 149
   Aos Novos Veneráveis Mestres 151
   Ateus 153
   Bodes 155
   Cochilos 157
   Crenças e Crendices 159
   A Maçonaria é Elitista? 161
   Honra ao V∴M∴ E Glória ao Gr∴ Arq∴ do Universo 162
   Aprendiz não Fala 164
   Lacrar o Tr∴ 166
   Maçonaria X Igreja(S) 168
   Maçonaria e Democracia 170
   Maçonaria e Longevidade 172
   O Copo D'água e o Tronco de Beneficência 174
   O Homem, A Evolução e Deus 176
   O Papel da Maçonaria no Mundo Moderno 177
   O "Tempo de Estudos" 181
   Onde Está o Nosso Pálio? 183
   Opiniões 185
   Passar para Outra Col∴ 187
   Sete Pequenos Gestos que Valorizam um V∴ M∴ 189
   Sindicâncias 191
   Titanic 193

Tupiniquim 195
Um Maçom Chamado Tiradentes 197
Uma História de Marinheiros 201
Uma Velha Anedota 203
Fontes de Consulta e Inspiração 205
Obras Recomendadas 206

Prefácio

O Orador, em uma Loja Maçônica, desempenha múltiplas funções.
A primeira, em grau de importância, é o conhecimento e a aplicação das leis, constituindo esse o cerne de sua missão.
A segunda, quase tão importante quanto a primeira, diz respeito aos seus discursos, pronunciamentos e conclusões (peças de arquitetura, no linguajar maçônico), que quanto mais belos e elaborados forem, mais brilho darão ao seu trabalho, à sessão maçônica e à nossa sublime instituição.
No âmbito deste pequeno livro, abordaremos, com maior riqueza de detalhes, esta segunda função, que é o sustentáculo da primeira, mostrando, por meio dos pronunciamentos do autor, como pode ser desenvolvido um texto oratório, nas diversas ocasiões que se apresentam no dia a dia de uma Loja: iniciações, elevações, exaltações, filiações, inaugurações, efemérides, sessões brancas, datas importantes da Loja, agradecimentos aos Irmãos visitantes, elogios aos trabalhos apresentados no Tempo de Estudos, elogios ao trabalho realizado pelos Irmãos da Loja, etc.
Na vivência das Lojas Maçônicas, amiúde ouvimos comentários sobre o "dom da oratória". Ledo engano... considerá-la assim. Maior ênfase que a argumentação expositiva, dá-lo-á o exemplo histórico: reportemo-nos à antiga Grécia... à Hélade em sua idade dourada, onde um cidadão, simples mortal, porém homem livre, gago de nascença, foi vaiado quando, pela primeira vez, em público apresentou-se... Outro quiçá teria desistido... porém DEMOSTHENES não. Passou horas e horas, dias e dias, meses e meses a fio na praia, com a boca repleta de pequenas pedras, bradando e declamando em verso e prosa a fim de vencer, ao mesmo tempo, sua gagueira e o bramir das ondas do mar. Vitorioso foi, tornando-se o maior dentre os oradores da Antiguidade.
Reza um velho alfarrábio que os Poetas nascem... e os Oradores se fazem.

O escopo deste trabalho é fornecer, aos que se iniciam nas lides deste gratificante cargo, subsídios, ideias e exemplos, por meio dos quais cada um possa, posteriormente, desenvolver o seu próprio trabalho, procurando nele imprimir a marca de sua personalidade, de seu estilo e de seu talento. Sua leitura deverá constituir-se no primeiro passo desse árduo aprendizado. Passos seguintes... e mais seguros... serão direcionados por obras mais especializadas, cursos de redação e oratória, além da constante e atenta leitura dos mestres da arte de falar e escrever: Platão, Demóstenes, Cícero, Sêneca, Virgílio, Dante, Shakespeare, Padre Vieira, Rui Barbosa, Victor Hugo e outros... inclusive os autores atuais.

Servirá, talvez mais... aos Irmãos que apreciam ou que pretendam, um dia, iniciar-se nos segredos da oratória que os Irmãos Oradores já no desempenho de seus cargos; a estes, nada tenho a oferecer... e com eles, ao contrário, muito ainda tenho a aprender.

OBSERVAÇÕES:

1 O autor não tem a pretensão de dar como suas, todas as ideias e citações apresentadas neste trabalho. Deixa claro que buscou inspiração em muitas fontes, citadas ao final deste volume.

2 Nenhum homem é uma ilha... e em uma peça oratória é justo e válido que se incorpore o enorme legado de citações, ideias e propostas deixadas por gerações e gerações de filósofos, pensadores, escritores, poetas e oradores que nos antecederam. É a herança intelectual que recebemos e temos por dever passar adiante.

3 A Maçonaria cultiva a tradição... seus rituais são antiquíssimos... e os maçons, no interior de seus Templos, expressam-se tal qual seus nobres e ilustres antecessores. Não estranhe, portanto, o leitor profano – este livro destina-se também a ele – a linguagem clássica, culta e formal, quase sempre na segunda pessoa, dos textos apresentados.

4. O Orador-maçom manifesta-se, geralmente, em voz alta e estilo declamatório, o que justifica a abundância de figuras de construção (elipses, polissíndetos, metáforas, hipérboles, etc.) e a substituição das vírgulas por reticências, conferindo ao texto uma suspensão emocional e um ritmo poético adequado.

O autor

Primeira Parte

Pequenas peças de Arquitetura a serem incluídas nas conclusões da Oratória na rotina das Sessões Econômicas

– 1 –

Ao assumir pela primeira vez a Oratória

Jesus nos ensina que, ao entrarmos em uma casa, sejam estas as nossas primeiras palavras: "Eu vos trago a paz".

Na vida somos e seremos sempre eternos aprendizes... e hoje começa aqui meu novo aprendizado... meus primeiros passos, mas, desde já, consciente de duas coisas: a primeira é que um orador deve falar de assuntos que interessam àqueles que o ouvem... e não assuntos de seu próprio interesse. A segunda, mais importante, é que o orador deve ter consciência que sua maior virtude não será a eloquência ou a retórica, mas sim o compromisso com a Verdade e a Lei.

Conduzido a este cargo não por méritos meus, que certamente não os possuo... mas pela decisão soberana desta Loja, que assim o quis, reconheço tal decisão baseada mais em vossos corações que em vossas consciências.

Para a Loja, este é um momento pouco mais que rotineiro, em meio ao brilho de tantas realizações... para mim, constitui-se em momento especialíssimo, que fortalece e incentiva ainda mais minha vocação maçônica.

O apoio fraternal, a crítica construtiva e a indulgência de meus Irmãos serão as armas das quais me valerei daqui por diante.

– 2 –

Cumprimentos a um Irmão que Anuncia seu Casamento

Sendo o amor a base da vida e o corolário indispensável à felicidade humana, sua consequência lógica é o casamento...
Objetivo supremo da existência, base da família e esteio da sociedade, o casamento ideal é aquele que se sustenta por elos sagrados e fortes, que somente a morte... e nunca o tempo... pode romper... e... para que isso ocorra, deve-se soldá-lo com a chama do amor e o fogo da paixão.
Zoroastro, nos textos sagrados do *Zend-Avesta*, já afirmava, há três mil anos, que o casamento é uma ponte que conduz ao céu... ao sétimo céu... que é aquele destinado aos que doam metade de sua alma... e aceitam a outra metade doada... para que as duas, como se uma só fossem... elevem-se às alturas celestiais da vida em comum.
Solene e sagrado é o casamento abençoado pelo Grande Arquiteto do Universo, nas alturas... e por nós, seres humanos, aqui na Terra.

– 3 –

Cumprimentando um Irmão pelo Nascimento de seu Filho

Um filho que chega é alguém que bate à sua porta, em nome de Deus, pedindo que o recebas... e, ao recebê-lo, é preciso que em troca ofereça não apenas festas e brinquedos... mas instrução e disciplina.

Se dizes que o teu filho é o futuro...
Ampara-o no presente.
Se dizes que teu filho é a esperança de paz...
Não lhe inculques o ódio.
Se dizes que teu filho é uma dádiva...
Não o guarde apenas para si...
Mas ofereça-o ao mundo,
Porque nosso filhos não nos pertencem...

Eles pertencem ao FUTURO, onde nem em sonhos podemos penetrar. Mas o que importa é que deixes para ele, em seu Caminho, marcas seguras... para que nelas... teu filho possa progredir.

Farás de tua casa um lar verdadeiro, céu de felicidade para ti mesmo, para seus amigos e para os amigos de teu filho.

E dele exigirás muito...
Mas, não lhe exigirás respeito.
Este, terás que ganhá-lo
Pelos teus méritos.

– 4 –

Por ocasião de um Desenlace

Por meio das lágrimas... enxergamos Deus com mais nitidez. Um ente querido foi chamado ao Oriente Eterno... E inconsoláveis ficaríamos se não acreditássemos na imortalidade e existência do Grande Arquiteto do Universo, o Supremo Árbitro dos Mundos...

Apaguemos, então, de nossas mentes, o Esqueleto da Morte... A morte não é o esqueleto... e menos ainda o Fantasma Negro com a foice... ou a alfange... apoiada ao ombro.

A morte é, isto sim, um Anjo Mensageiro de Deus... que vem libertar nossa alma da prisão do corpo físico, para conduzi-la às serenas Mansões do Infinito, sob a luz brilhante da eternidade...

"Na casa de meu pai há muitas moradas", disse o Mestre...

Recordemos, então, nossos entes queridos que partiram... não como mortos, mas sim como seres espirituais vivendo em outras dimensões, habitando os Céus ou reencarnando na Terra... respeitadas as crenças pessoais de cada um.

– 5 –

Palavras a um Irmão que Sofre

Perguntaram os apóstolos a Jesus:
– Mestre, quem pecou para que este homem sofresse? Ele...? Ou seus pais?
Respondeu-lhes Jesus:
– Nem ele... nem seus pais pecaram, mas isto aconteceu para que se revelasse a glória de Deus...
A glória do Grande Arquiteto do Universo, dizemos nós. Palavras, no entanto, difíceis de entender...
Mas comecemos por afirmar que a dor e o sofrimento não têm apenas um aspecto negativo. A dor e o sofrimento não existem somente para saldar dívidas... mas também para acumular créditos... para aperfeiçoar o caráter e o espírito, para o crescimento moral... revelando-se, assim, a glória do Criador.
Revoltar-se contra o sofrimento é demonstração de fraqueza; aceitá-lo é prova de força e fé...
Meu irmão, tenho a plena certeza de que nenhum sofrimento lhe fará enfraquecido... até porque sabemos que não há mal que seja eterno... e que Deus, O Grande Arquiteto do Universo, exige mais daqueles que mais ama.
Se puderes, então, na escuridão da hora presente.... vislumbrar lampejos de luz... certamente compreenderás melhor as palavras do Mestre.

– 6 –

Por ocasião da Entrega de uma Medalha, Condecoração ou Diploma

As medalhas, diplomas ou condecorações são símbolos que refletem valores sociais....

Quando uma medalha é outorgada a alguém, significa que esse alguém atingiu um comportamento de alto padrão ou então que executou algo digno de ser admirado e imitado pelas outras pessoas que se dedicam à mesma atividade...

As medalhas, na maioria das vezes, vêm apenas formalizar, de direito, uma homenagem ou um sentimento que, de fato, já preexistia no coração de todos.

– 7 –

Comentários e Enaltecimentos a um Ilustre Irmão Conferencista[1]

Respeitável Irmão.
Absorto em vossa narrativa, entretido e atento em acompanhar tão brilhante palestra... enfim... embevecido com tão belas palavras, quase chego a esquecer este momento crucial... o momento em que o V.M. concede-me a palavra.

Tão logo após nossa Loja ter sido mimoseada com o fulgor de brilhantes... engastados no mais puro ouro de lei de vossas palavras, venho eu... a oferecer-vos contas coloridas de vidro.

Paciência... o cargo que ocupo tem lá suas rosas... e seus espinhos. Rosas são as que hoje vos oferecemos, na forma de agradecimentos, admiração e aplausos. Espinhos... seriam minhas inúteis tentativas de comentar vossas palavras.

"Como poderia eu recolher das folhas, com grosseira colher de pau, as finíssimas pérolas do orvalho noturno?

Como poderia eu prender refulgentes raios de sol... em gaiolas de ferro?

Como poderia eu apanhar delicadas borboletas sem tirar-lhes o levíssimo pó?"[2]

Eu... que como todos nós, viemos aqui mais para ouvir do que para falar!...

---

1. Peça de arquitetura declamada pelo autor por ocasião de uma palestra do Pod∴ Ir∴ Valdemar Parra, A∴R∴L∴S∴ Lealdade Paulistana nº 2920.
2. Extraído do livro De alma para alma, de Huberto Rohden.

– 8 –

Na Sessão de Abertura, após as Férias Maçônicas

Mais uma vez fechamos o círculo de nossa Irmandade, unidos e revigorados, prontos a enfrentar mais um ano de trabalho... de muito trabalho.

Eu, particularmente, estou muito feliz pelos frutos que conseguimos produzir até hoje, com a ajuda desinteressada de todos os Irmãos.

Peço ao Grande Arquiteto do Universo que continue a derramar suas bênçãos sobre nós... sobre todos nós... para que o Novo Ano radioso... que vislumbramos... nos traga a renovada fraternidade. É muito importante que sejamos Irmãos, mas o fundamental é que sejamos Irmãos e amigos... Porque Irmãos... simplesmente... Caim e Abel também o foram.

Há um Irmão em nossa Loja, que costuma sempre dizer que Deus tem sido bom para com ele. Ampliando sua frase, eu diria que Deus tem sido bom para com todos nós...

Continuemos, pois, trabalhando... na árdua tarefa de edificação do nosso Templo Interior, estreitando cada vez mais os laços de fraternidade que nos unem...

E unindo-nos, sempre mais, na conquista de nossos objetivos e ideais comum... para, assim, sermos dignos das bênçãos do Grande Arquiteto do Universo, que é Deus.

… 9 …

Após o V∴M∴ Anunciar e Nomear os Cargos de uma Nova Administração

    Certa vez, ouvi de um comandante militar a afirmação de que uma tropa é perfeita quando todos aqueles que a compõem estão aptos a ocupar qualquer posto. Nessa tropa hipotética, a distribuição de encargos, tarefas ou postos seria meramente casual... E poderia até mesmo ser aleatória.
    Assim também sucede em nossa Loja... para cada cargo vago, inúmeros são os Irmãos aptos a preenchê-lo. Onde possuem competência para substituir, não há insubstituíveis.
    E se alguns Irmãos permaneceram sem cargos nessa administração é simplesmente porque há mais Irmãos do que cargos.
    Folgamos que assim o seja, pois participar de uma Sessão Maçônica não consiste apenas em ocupar cargos, mas sim em contribuir com o brilho das ideias e das críticas construtivas.

– 10 –

Elogios ao Mestre de Harmonia

Um Mestre de Harmonia...
é minha convicção...
manifesta-se em Loja, não somente por suas
palavras... mas principalmente...
pela sua música.
E ela... a música,
é a chave... com que se abrem
as portas do infinito... e da eternidade.
Do berço ao túmulo... do nascimento à morte,
ela está presente:
na canção de ninar...
nas cantigas de infância...
na dança juvenil...
no solene casamento...
na sagrada iniciação...
no cerimonial do Templo...
na pompa-funeral.
A arte e o brilho de vossa função.
Irmão, Mestre de Harmonia...
é um eco do mundo invisível
que nos conduz
aos supremos domínios do espírito,
às serenas mansões de Deus.
E por tudo isso... te agradecemos.

– 11 –

Elogios ao Irmão Secretário e aos Irmãos Aprendizes

A conta perdi das inumeráveis vezes que ouvi... que o Irmão Secretário, representado por Selene, a Lua... não tem brilho próprio; e tal qual um espelho, reflete na ata, fielmente, tudo que ouve, tudo que vê.
Talvez até seja verdade.
Mas é verdade restritiva... e como tal...
Meia-verdade.
Na verdade, seu papel é maior...
pois, mais que refletir, tem ele que captar.
E o seu mérito, e o seu valor, e a sua
virtude... consistem em captar, sintetizar,
resumir, cristalizar... eternizar...
os pronunciamentos, as opiniões, as decisões,
as tristezas e as alegrias dos Irmãos...
as suas ânsias e os seus ideais...
os acertos e desacertos também.
É trabalho de arte e de maestria...
exige empenho e dedicação.
Em tuas mãos... Irmão Secretário, está
a tradição e o passado de nossa Loja.
Mas e o futuro, onde estará?
A bola de cristal da Loja é o topo da
Coluna do Norte, onde tomam assento os
Irmãos Aprendizes... e, por meio deles,
como videntes... podemos adivinhar o futuro da Loja
e profetizar seus destinos.

E por intermédio desse *I Ching*, desse *Tarot*,
desse jogo adivinhatório... que no caso não falha...
podemos pressentir para nossa querida Loja,
um futuro risonho e feliz, alegre e fraterno.

– 12 –

Exortando os Irmãos a Realizarem um Empreendimento

- Queria Napoleão que a palavra "impossível" fosse suprimida dos dicionários. Se temos que fazer alguma coisa, se temos uma tarefa a cumprir, se temos algo a executar, é bom que o façamos já... Agora ou nunca. Porque amanhã... é a mentira piedosa com que se iludem as vontades fracas.

- Quando há boa vontade, até aqueles que nada têm conseguem presentear.

- Poucas coisas são... em si... impraticáveis. E os homens fracassam mais por falta de esforços que por falta de meios.

- Os fortes não fracassam. E fraco é aquele que fraco se imagina.

- Uma geração constrói as estradas por onde as próximas andarão.

- Quando um fruto está maduro...
  A semente está pronta para germinar.
- Há, para todas as coisas, um tempo determinado por Deus...
  E há tempo para todo propósito debaixo dos céus...
  Há o tempo de nascer... E o tempo de morrer.
  Há o tempo de plantar... E o tempo de colher.
  E agora é o tempo de realizarmos esse empreendimento.

– 13 –

Comentando o Sucesso de um Empreendimento da Loja

Um lance de dados jamais abolirá o acaso... quem apostou em nós... ganhou.
Nossa Loja brilhou... e esse brilho indica-nos o caminho certo a seguir... pressagia os bons augúrios que intuímos no porvir... e nem poderia ser diferente em uma Loja que conta com:
Um Ven∴ M∴ empreendedor e sereno,
Mestres instalados sábios e justos,
Vigilantes atentos e leais,
Secretário minucioso e perfeccionista,[3]
Chanceler responsável e realizador,
Tesoureiro probo e discreto,
Deputados partícipes e operativos,
Mestre de Cerimônias afável e diligente,
Hospitaleiro sensível e fraterno,
Diáconos ágeis e prestativos,
Cobridor zeloso e prudente,
Mestre de Harmonia inspirado e criativo, e, ainda...
Mestres exemplares, companheiros dedicados e
Aprendizes promissores.
É com esta plêiade de Irmãos que:
Sonhos transformam-se em realidade...
sementes germinam...
flores desabrocham...
árvores frutificam.

---

[3]. O orador não é mencionado por pressupor-se que é ele quem esteja fazendo uso da palavra.

– 14 –

Exortando os Irmãos a um Ato de Solidariedade

Quem é generoso, dá o excedente de seu prato, dá aquilo que pouca falta lhe fará.
Quem é solidário divide o prato com seu Irmão.
Maior é a solidariedade que a generosidade.
Para sermos maçons mesmo, na mais ampla e nobre acepção do termo, deveremos exercitar, sempre, a solidariedade... pois, diante de Deus, invertem-se os valores:
Somos pobres por aquilo que possuímos... Somos ricos por aquilo que oferecemos.
A solidariedade cristaliza-se pela visita ao enfermo, pelo conselho ao desnorteado, pelo ombro amigo ofertado a quem chora....
Aos maçons... é muito fácil a contribuição financeira; difícil é a dedicação a uma causa, a um propósito, a uma finalidade que exija, por exemplo, a renúncia ao convívio familiar... ainda que por algumas breves horas... para levar um pouco de conforto espiritual à quem esteja em um hospital, em um asilo, em um orfanato.
Mais difícil que contribuir com um óbulo... é oferecer algumas horas de nossas vidas.
E por ser mais difícil... o mérito torna-se maior... aos olhos de de Deus... e de nossa própria consciência.

– 15 –

Incentivando os Irmãos a Estudarem as Leis Maçônicas

O Irmão Orador é o guardião da lei, mas não deve ser o único a conhecê-la...
Se esse fosse o desiderato da Maçonaria, não se entregaria aos Irmãos Aprendizes, no dia de suas iniciações, um exemplar da nossa Constituição, outro do Regulamento Geral da Federação e, ainda, o Regimento Interno de nossa Loja... seria-lhes entregue simplesmente um Ritual de Aprendiz...
Admitamos, então, a partir desse fato insofismável, que todos os Irmãos devem tomar conhecimento das Leis, inteirar-se delas... estudá-las, enfim....
Assim o fazendo, entenderão melhor a estrutura da nossa sublime instituição, vivenciarão melhor tudo aquilo que aqui nos é oferecido, conhecerão seus direitos... e, principalmente, seus deveres.
Lá fora... no mundo profano, na rotina do nosso dia a dia, no nosso cotidiano, inteiramo-nos das leis que nos governam no trânsito, na economia, nas eleições, no consumo. Não são somente nossos advogados que delas sabem... nós também, cidadãos, delas temos noções. Aqui, o mesmo deve suceder...
Não só o Irmão Orador, mas todos os Irmãos... aprendizes, companheiros e mestres... devem saber das leis que nos governam... até mesmo para que o trabalho do Irmão Orador possa ser melhor compreendido, fiscalizado e cobrado.

– 16 –

Combatendo a Superstição

Sexta-feira é dia de azar... para uma imensa legião de seres humanos que ainda vivem mergulhados nas trevas da ignorância e da superstição...
Sexta-feira é dia de azar por ser o dia em que Jesus, o Cristo, foi crucificado...
Que disparate!
Jesus não morreu na cruz por obra do azar... mas sim pela vontade de Deus, do Supremo Arquiteto do Universo, que assim o quis em Sua infinita sabedoria, em conformidade com Seus desideratos de redenção da humanidade...
Sexta-feira... não é um dia de azar... mas sim um dia de elevação espiritual, por trazer-nos à lembrança a Paixão de Cristo.
Número 13... número de azar... porque treze foram os participantes da última e Santa Ceia do Salvador...
Treze pessoas à mesa dão azar... e, por extensão ilógica, irracional, o número 13 dá azar...
Novamente o disparate... o silogismo falso e inexato da superstição...
Foi no transcurso dessa Ceia que Jesus nos legou os ensinamentos do Pão e do Vinho... sublime mensagem de redenção, fé e esperança...
Número 13... não é um número de azar... mas sim um número sugestivo, que traz em suas reminiscências a confraternização, a Ceia, o Copo d'Água de Jesus com seus discípulos.

– 17 –

Discorrendo sobre a tríade: Liberdade, Igualdade e Fraternidade

Nós, os Pedreiros-Livres, desde os primórdios da Maçonaria Especulativa, adotamos como lema a tríade Liberdade, Igualdade e Fraternidade... adotamo-la não como dogma... porque dogmas nós não os aceitamos.... mas sim como paradigma, pelo seu inquestionável valor.
É preciso, porém, estar atento às palavras.
Liberdade – deve existir no âmbito da lei... somos livres para fazermos tudo aquilo que a lei permitir... e nada mais.
O verdadeiro homem livre é escravo da lei e do dever. E convém ainda assinalarmos que a lei não é, como erroneamente se pensa, igual para todos... a lei é igual para os iguais.
Igualdade – valor ético e moral que nos nivela em grupos homogêneos. Aprendizes iguais entre si... companheiros idem... mestres idem...
A igualdade subordina-se à hierarquia, que, por sua vez, diferencia os grupos heterogêneos... novamente temos: leis iguais para os iguais.
Fraternidade – nos une, faz-nos Irmãos e convida-nos à tolerância. E aqui convém novamente estarmos atentos às palavras... tolerância sempre no sentido de suportar as crenças, ideias e ideais de nossos Irmãos, mesmo quando não compartilhadas...
Eu creio na reencarnação da alma...
Meu Irmão crê na ressurreição da carne...
São duas crenças, diametralmente opostas, irreconciliáveis... e mesmo assim, convivemos fraternalmente, eu e meu Irmão... ambos sendo tolerantes um para com o outro. Mas jamais, em nome de uma pseudo tolerância, confundir liberdade com anarquia, igualdade com desrespeito, fraternidade com cumplicidade ou omissão.
Se tolerarmos demais os que cometem falta, se formos com eles muito indulgentes, estaremos injustiçando aqueles que cumprem o seu dever. Quem tolera a intolerância não é tolerante.

– 18 –

Após uma Sessão em que os Ânimos se Alteram

No Tempo de Estudos, na Oratória, nas Colunas, falemos com brandura... e nossa voz ressoará como uma prece... vinda do altar do coração... glorificando a Deus e confraternizando os homens.
A Maçonaria é, para mim, uma tribuna, um lar e um altar...
Tribuna – porque aqui falamos, ouvimos e nos entendemos pelo uso da palavra.
Lar – pois aqui se reúnem os Irmãos...
Altar – onde invocamos o Grande Arquiteto do Universo, oramos e imploramos a Ele...
Se não acreditássemos na Sua presença durante os nossos trabalhos, deixaria de existir uma das mais fortes razões de nossas reuniões em Loja...
Mas, para que sintamos essa Presença, é necessário que venhamos desarmados em espírito... é necessário que venhamos imbuídos das melhores intenções possíveis.
Até mesmo as nossas críticas... e é bom que as tenhamos... devem ser fraternais e construtivas...
Somente agindo assim estaremos em harmonia com o Criador... pois toda questão suscitada possui argumentos contra e a favor, sendo a verdade absoluta privilégio do Grande Arquiteto do Universo.
E as verdades relativas devem ser, portanto, discutidas com cautela, com humildade e com respeito, levando-se sempre em conta a fragilidade do ser humano.
Lembremo-nos de que o constante aperfeiçoamento moral, espiritual e intelectual é a razão, a causa e o motivo de nossas reuniões.

– 19 –

Repostas do Orador às Críticas (construtivas) dos Irmãos

- O elogio pode provir de um amigo ou de um inimigo... mas a crítica... esta sempre provém de um amigo verdadeiro.
- Quem me elogia é meu amigo
  Quem me critica é meu mestre.
- Muitos sabem elogiar...
  Poucos sabem criticar bem... como nesse caso.
  E eu sempre agradeço, e sempre agradecerei, às críticas que me são dirigidas... elas são o meu alimento espiritual... aperfeiçoam o meu trabalho e, com elas, aprendo lições de humildade.
- Tudo faz parte do todo.
  Não haveria oásis... se não houvesse o deserto.
  Solon Borges dos Reis
- Não despreze a crítica, pois é dela que o Saber se levanta, como o som... ao romper o silêncio.
- Nosso aperfeiçoamento moral, intelectual e espiritual depende mais das críticas que dos elogios que recebemos. Quando ouço uma crítica, agradeço duas vezes mais que a um elogio.

– 20 –

Respostas do Orador às Críticas Injustas, Ácidas ou Irônicas

(Se a crítica é fundamentada e correta, devemos ter a humildade de aceitá-la, e a resposta será a número 19.)

- Não sou melhor porque me elogiam...

  Nem pior porque me criticam...

  Sou, na verdade, aquilo que sou... aos olhos de Deus e à luz de minha consciência.

- Os elogios gravarei no mármore...

  As críticas escreverei na areia...

- Rudyard Kipling dizia que o verdadeiro homem é aquele que consegue ser indiferente às críticas e aos louvores... estes dois grandes impostores.

- Buda ensina-nos que, respondendo ao ódio com o ódio... o ódio nunca terminará.

- As palavras nunca ofendem... o que ofende é o tom com que elas são ditas.

- O último argumento do tirano é o canhão.

- Uma das três máximas da Maçonaria é a Igualdade... e ela nos conduz a uma reflexão e uma prece: queira Deus que nenhum de nós se torne lobo em um bando de ovelhas... nem ovelha em um bando de lobos.

- Duas coisas indicam fraqueza: calar-se quando é preciso falar... e falar quando é preciso calar-se.

- O riso é a aritmética, o humorismo, a álgebra, a ironia, o cálculo infinitesimal...

Se sobre o bicarbonato do bom senso derramamos o ácido da crítica, teremos a efervescência da ironia... uma arte difícil. Se demasiada leve, não se compreende; se muito pesada, cai, esmagando os cacos de quem a fez.

A ironia é mais difícil de dosar que os vernizes, as colas e as gelatinas.

Pitigrilli

– 21 –

Elogios à Maçonaria

Disse certa vez o Cônego Januário da Cunha Barbosa: "Filha da ciência e Mãe da caridade, fossem todas as Instituições como tu, Santa Maçonaria... e os povos viveriam uma nova idade de ouro; Satanás não teria mais o que fazer na Terra, e Deus teria em cada homem um eleito".

Se a Maçonaria nada mais tivesse a me oferecer que a amizade desinteressada de meus Irmãos... somente isso já seria o suficiente. Mas, além disso, tenho eu aqui:

A escola que me ensina a moral e a virtude...

O aperfeiçoamento interior que me traz a paz e a alegria de viver...

E mais ainda...

A fé... que me une ao Grande Arquiteto do Universo, que é Deus.

– 22 –

Diversas Formas de Agradecimento em Loja a Irmãos Visitantes

1. Agradecemos a presença dos respeitáveis Irmãos que hoje nos visitam...
   A visitação representa um elo da Grande Família Maçônica...
   Não fossem as visitas, a Maçonaria seria apenas um conjunto de Lojas estanques... e não a grande e fraterna comunidade em que se constituiu.

2. Agradecemos a presença dos respeitáveis Irmãos... que hoje, como sabiamente prescreve nosso ritual, vieram nos trazer Amizade, Paz e Prosperidade... e no mesmo ritual lemos: "Viemos todos aqui vencer nossas paixões, submeter nossa vontade e fazer novos progressos na Maçonaria".
   Sejam bem-vindos... voltem mais vezes.

3. As visitas fortalecem a Maçonaria, estreitam os laços de amizade entre os Irmãos, alimentam a fraternidade que nos une e nos fazem lembrar que a verdadeira dimensão, o verdadeiro universo de nossa instituição não é a nossa Loja, mas o conjunto de lojas que a compõe.

4. Uma sessão maçônica sem visitantes é como um vaso sem flores, um quadro sem moldura, uma festa sem doces...

5. Os Templos de Luz erigidos pela Maçonaria são grandiosos... e seus feitos... incontáveis:
   • Queda da Bastilha, com seus ideais renovadores, sob a égide da Igualdade, Liberdade e Fraternidade...

- Independência de nossa Pátria... pelo príncipe, poeta e maçom Dom Pedro I.
- Libertação dos escravos... a titânica epopeia de Rui Barbosa, Castro Alves, José do Patrocínio... maçons... e gênios de nossa raça.

E muito... muito mais.
Mas não apenas de obras portentosas vive e fulge a nossa sublime instituição...
Há também, no dia a dia, os pequenos gestos... não menos grandiosos.
As atividades simples... não menos belas.
As visitas entre os Irmãos... que a engrandecem.
Hoje, abrilhantando nossos trabalhos, estão os Irmãos visitantes....

6. Quando um Irmão nos visita, sentimo-nos prestigiados e honrados... mas quando este Irmão retorna, a honra é maior, pois o retorno confirma sua aprovação, sua empatia e sua afinidade com nossos trabalhos.
E se nossa honra é maior, maior serão nossos agradecimentos, nossas boas-vindas, nossa fraterna recepção.

– 23 –

Palavras Finais após os Agradecimentos aos Irmãos Visitantes

É desejo desta oratória,
no encerramento de nossos trabalhos,
que todos os Irmãos,
no regresso aos seus lares,
encontrem seus entes queridos
gozando de perfeita saúde...
em um ambiente de paz e harmonia.
Que o Grande Arquiteto do Universo,
que é Deus,
a todos acompanhe e guarde...
e esteja sempre com vocês...
Mas, acima de tudo...
que vocês também estejam sempre com Ele.

– 24 –

Despedida da Oratória na Mudança de Administração

Os homens são como o vento...
Passam balançando as árvores... e vão embora.
Mas a nossa Loja... sustentada por fortes colunas...
Permanece... renova-se... progride.
    Na minha despedida desta Oratória, quero externar meus sinceros agradecimentos a todos os Irmãos que, por meio de gestos e palavras afetuosas, incentivaram e encorajaram o meu trabalho... nem sempre compreendido por todos.
    Recebi... aqui... críticas, gestos carinhosos e aplausos.
    As críticas, eu sempre agradeço... elas constituem o meu pão espiritual e é por intermédio delas que cresço e corrijo minhas falhas.
    Os gestos afetuosos... as palavras de carinho e apoio que recebi... formam um relicário de emoções, um colar de gratas recordações, um dos motivos pelos quais a vida vale a pena. Estes gestos constituem-se em momentos inesquecíveis e ficarão... pelo resto de meus dias... custodiados no cofre de meu coração, guardados com a chave de ouro de minha eterna gratidão.
    Que o Grande Arquiteto do Universo, que é Deus, abençoe a todos...

Obrigado.

SEGUNDA PARTE

Peças de Arquitetura alusivas a efemérides e datas importantes para serem lidas pela Oratória nas ocasiões propícias

– 1 –

Fundação da Cidade de São Paulo
(25 de janeiro)

"Nós, os paulistanos, não viemos pedir... viemos oferecer!"
Esta foi a resposta que o Imperador ouviu quando quis saber o que aquela comitiva de paulistanos viera fazer em seu Palácio Imperial.
    Os paulistanos nada têm a pedir... e muito têm a oferecer... este tem sido o tom de nossa gente. Da brava gente paulistana, orgulhosa e atrevida... Atrevida até no lema de sua bandeira – NON DUCOR DUCO... Não sou conduzido, conduzo –, pois nossa vocação é conduzir... assim fizeram nossos antecessores, os bandeirantes que daqui partiram em busca de riquezas, no sonho das esmeraldas, dos rubis e das gemas preciosas... e que povoaram esta nação... Homens de fibra, que juraram não voltar de mãos vazias... e preferiram, muitas vezes, a morte ao fracasso... e que este exemplo nos legaram:
    Morrer, sim... Fracassar, nunca.
    E como fizeram os bandeirantes, nossos antecessores, assim hoje fazemos... assim farão nossos descendentes.
    E hoje, dia 25, é o aniversário desta cidade, desta megalópole cosmopolita encravada em solo paulista, em terras brasileiras. Uma cidade que tem muito a comemorar... e, no entanto, não necessita de aniversários, pois está de parabéns o ano inteiro.

– 2 –

Dia Internacional do Maçom (22 de fevereiro)

Não somos muitos...
Mas somos os melhores...
Até porque, Maçonaria não se faz com quantidade,
E sim, com qualidade.

Segundo dados do *livro História do Grande Oriente do Brasil de José Castelani e William Almeida de Carvalho* o Grande Oriente do Brasil reúne 2404 Lojas, englobando 63.906 Irmãos. A Grande Loja Unida da Inglaterra, Loja-Mãe da Maçonaria universal, reconhece-nos como única potência regular no Brasil e este reconhecimento data de 1881. O Grande Oriente do Brasil, em contrapartida, reconhece todas as Obediências Maçônicas que sejam reconhecidas pela Grande Loja Unida da Inglaterra; e este mútuo reconhecimento torna-nos cosmopolitas, cidadãos do mundo em termos de Maçonaria.

Se amanhã você, meu Irmão, estiver na França, na Espanha, na Itália, em Portugal... se for passear na Índia, na China, na Grécia ou em Cuba... se quiser conhecer o Senegal, a Tasmânia, a África do Sul ou Togo, lá haverá uma Loja a visitar, um Irmão a quem recorrer.

Se for à Alemanha, aos Estados Unidos, à Inglaterra ou ao Japão... lá encontrará Irmãos dispostos a defender-lhe.

Também na Bolívia, na Argentina, no Chile, no México, encontrará um braço amigo... e ainda mais... em outros 30 países do mundo, você, como Irmão, será reconhecido.

E estes são apenas alguns, dentre outros tantos motivos que nos levam a comemorar, hoje, o Dia Internacional do Maçom.

– 3 –

Dia Internacional da Mulher
(8 de março)

Para não falar que não falei das flores...
Hoje, Dia Internacional da Mulher, daquela que é nossa mãe, nossa filha, nossa esposa. Mas também daquela que é nossa vizinha, nossa companheira de trabalho, nossa sobrinha, nossa cunhada.
Respeito à mulher do passado, que é nossa mãe...
Afeição à mulher do presente, que é nossa esposa...
Confiança na mulher do futuro, que são nossas filhas.
A mulher, no dizer de Victor Hugo: "é o mais sublime dos ideais. E se Deus fez para o homem um trono... para a mulher fez um altar. O trono exalta... o altar santifica.
O homem é forte pela razão... a mulher, invencível pelas lágrimas. A razão convence... as lágrimas, comovem.
O homem é a águia que voa... a mulher, o pássaro que canta. Voar é dominar o espaço... cantar é conquistar a alma.
O homem é capaz de todos os heroísmos... a mulher, de todos os sacrifícios. O heroísmo enobrece, o sacrifício santifica.
O homem é o gênio... a mulher, o anjo. O gênio é incomensurável, e o anjo indefinível.
O homem é o templo... a mulher, o sacrário. Ante o templo nos descobrimos, ante o sacrário nos ajoelhamos.
Enfim... o homem está colocado onde termina a Terra, a mulher, onde começa o Céu".

– 4 –

Festa Anual da Árvore
(31 de março)

No terceiro dia da Criação, disse o Senhor: "Produza a terra erva verde, erva que dê semente, árvore frutífera que dê fruto, segundo a sua espécie, cuja semente esteja nela sobre a terra". E assim foi. E viu Deus que era bom.

Antes que o homem surgisse sobre a face da Terra, portanto, as árvores já existiam... como atestam a Religião e a Ciência. Inquilina mais antiga do planeta, até pelo direito de precedência, a ela devemos respeito.

Voltada para os céus em eterna prece, é ela que dá sombra, abrigo e alimento ao homem... e seus galhos abrigam e sustentam os amores e os ninhos das aves tagarelas... E ali também os insetos fazem sua morada... transformando-a num castelo borbulhante de vida... e ela é forte: verga mas não quebra, assim como os homens de forte caráter. E ela é boa... dá sombra até ao lenhador que a derruba. E ela é gentil, e perfuma o machado que a fere, como bem disse o poeta...

Mas qualquer poeta sabe fazer um poema...
E uma árvore?... Quem pode fazer?... Só Deus.
Neste dia, assim como em todos os outros,
Saudemos a árvore,
Respeitemos a árvore,
Amemos a árvore... preservando-a.

– 5 –

Tiradentes
(21 de abril)

Joaquim José da Silva Xavier, o nosso Tiradentes, nasceu em 1746. Órfão de mãe aos nove anos e de pai aos onze, criado pelo padrinho, antes de sua opção pela carreira das armas, foi discípulo de Hipócrates, de Avicena e de Couvier... e da Odontologia hoje é o patrono. E patrono também é da Polícia Civil. Não há provas documentais, mas alguns autores afirmam que Joaquim José da Silva Xavier foi iniciado nos augustos mistérios de nossa Ordem, por comunicação.

Soldado do regimento dos Dragões de Minas Gerais, sem raízes na aristocracia local, foi sempre preterido nas promoções, permanecendo, até o fim de seus dias, no posto subalterno de alferes.

Se como militar permaneceu subalterno, como civil foi grande líder... e líder de um movimento de nobre causa... da mais nobre e legítima de todas as causas: a Independência da Pátria.

Preso em 1789, seu processo durou três anos e, dos 11 companheiros condenados à forca, ele foi o único a ser executado.

Enforcado e esquartejado em 1792, deixou a semente de um ideal que viria a se concretizar, que se tornaria realidade 30 anos mais tarde, com o Grito do Ipiranga.

Se inglória foi sua carreira nas casernas, gloriosa tornou-se sua condição de líder, de herói e de mártir da Inconfidência Mineira, o mais importante movimento precursor de nossa Independência.

– 6 –

Dia do Trabalho
(1º de maio)

Primeiro de maio, dia internacional do trabalho, nos traz à lembrança a histórica greve de Chicago, nos Estados Unidos, no distante ano de 1886, quando 30 mil operários paralisaram suas atividades nas fábricas, concentrando-se na histórica *Haymarket Square*, para reivindicar um jornada de oito horas de trabalho, em uma época em que não havia férias, seguridade social, e menos ainda aposentadoria. Em um tempo tenebroso em que o trabalho semiescravo se prolongava de sol a sol, com uma jornada de 12 horas diárias, seis dias por semana. A reação da polícia norte-americana de então foi imediata e brutal, atirando contra a multidão indefesa. Quatro operários foram mortos e, três anos depois, em homenagem a eles, o dia 1º de maio foi instituído o "Dia Internacional do Trabalho", pelo Congresso Socialista realizado em Paris, em 1889. A Maçonaria, que luta pela Liberdade, Igualdade e Fraternidade... não pode, não deve e não esquecerá esses quatro mártires anônimos... a quem hoje respeitosamente relembramos e homenageamos.

– 7 –

Descobrimento do Brasil
(22 de abril)[4]

A história do Brasil começa no dia 9 de março de 1500, quando uma grande esquadra deixa Portugal.... para uma longa e perigosa viagem... como diria Camões, "por mares nunca antes navegados".
Treze naves... 1.500 homens... e um imenso desafio.
Mas os navegadores antigos tinham uma frase gloriosa:
"Navegar é preciso.... viver... viver não é preciso".
E assim a esquadra lançou-se ao mar...

"Oceano imenso e salgado...
quanto de teu sal...
são lágrimas de Portugal!
Por te cruzarmos...
quantas mães não choraram...
quantas filhas em vão rezaram.
Quantos homens deixaram sua vida no mar...
Valeu a pena? Tudo vale a pena, quando a alma não é pequena.
Comandante Cabral... ainda hoje... ouço tua voz:
no comando destas naves... sou maior que eu...
pois que represento um povo... gigante, heroico, varonil...
um povo que atravessa o oceano...
um povo que descobre o Brasil!"

---

4. *Texto inspirado em frases poéticas de Fernando Pessoa.*

– 8 –

Abolição da Escravatura
(13 de maio)

"Os negros não têm alma...
A raça negra portanto não é humana...
Constituída por seres da Natureza, são destinados, por Deus, a viver nas selvas... ou então a ajudar os homens nos trabalhos pesados, como fazem os cavalos, os jumentos e os bois."

Duras palavras... que ofendem os ouvidos de meus Irmãos...
E, no entanto... este conceito... por mais delirante, absurdo e irracional que hoje nos pareça, foi o conceito oficial da nobreza e do clero, com relação aos escravos.

E isto aconteceu não em outro planeta... não há dez mil anos... mas aqui no Brasil, há cento e pouco anos.

Se hoje tudo mudou, é porque as trevas deram lugar à luz. É porque lutaram homens como Zumbi dos Palmares, Joaquim Nabuco, José do Patrocínio... É porque mobilizaram-se poetas e intelectuais como Castro Alves e Rui Barbosa... É porque sensibilizaram-se mulheres do porte da Princesa Isabel.

Também contribuiu a Maçonaria. Muito antes da Abolição, as Lojas Maçônicas cotizavam recursos financeiros, com os quais os escravos eram comprados... não para aviltá-los ainda mais, mas para dar-lhes a tão sonhada carta de alforria... o passaporte para a liberdade.

– 9 –

Dia das Mães
(segundo domingo de maio)[5]

Todos podem falhar em nossos apelos...
Ela não.
Seus braços... ela esteja viva...
ela esteja morta...
brandamente vêm nos envolver na sombra....
na penumbra... no crepúsculo...
na doce hora da meditação... e do recolhimento.
É você mamãe?
É ela sim... a única que pode repetir
os versos de Miakowisky:
"com ela viu-se doida a anatomia... ela é toda um coração".
Filho algum conseguirá pagar o tributo de
gratidão que deve àquela que nos deu a vida,
que nos mostrou a Luz, que nos educou...
imprimindo-nos o caráter e a honra.
Hoje, dia das mães, prestemos nossa homenagem,
ainda que singela, àquela que, quando viva,
não lhe soubemos dar valor... porque sob sua
proteção... apagam-se todas as dores...
e, morta... tudo que somos e tudo que
temos daríamos para tê-la de volta...
e dela receber um aperto...
uma palavra de seus lábios.
Comemoremos, pois,
este dia que é de todas as mães do Universo...
– daquelas que já foram mães...

---

[5]. *Algumas frases deste texto foram inspiradas em Lygia Fagundes Telles, Menotti del Picchia, Guilherme de Almeida e Dom Ramom Angel Jara.*

e que um dia perderam seus filhos.
– daquelas que são mães...
e têm em seus filhos o orgulho maior de suas vidas.
– daquelas que ainda não são mães...
mas, um dia, o serão.
– e daquelas que mesmo não o sendo,
conservam em seus corações o afeto maternal...
e o devotam a um afilhado, a um sobrinho, a um enteado.
Jesus, o Cristo, dizia que sua mãe...
são todas as mães do mundo...
todas as mulheres do mundo.
Levemos a todas elas, portanto...
mais que um simples presente...
levemos a todas elas a nossa presença física,
o nosso afeto... o nosso amor.
Delas fluímos... e nos espraiamos pelo mundo.
Sem elas, matrizes da Vida...
Não haveria tempo nem história.
Mãe...
força suprema que nos acompanha,
em nossos anseios e temores,
em nossas esperanças e alegrias...
e sobretudo em amor.
Mãe...
pela grandeza de tua dedicação...
tens muito de anjo.
E pela imensidão de teu amor...
tens um pouco de Deus.
E para aqueles que as perdera...
dediquem este dia sublime
a levar-lhes flores...
saudades... tristezas... lembranças.
Lembranças de suas mãos de santa...
que rezavam vossos dias...
como contas de um rosário.
Lembranças de suas mãos de anjo...
estendendo proteção sobre nós
e que um dia se foram.
Por que partiram?... Por quê?...
Sem antes.... fechar os meus olhos?...

– 10 –

Dia Mundial do Meio Ambiente
(5 de junho)

No princípio, Deus criou o Céu e a Terra...
No firmamento, colocou o sol que nos aquece e as estrelas que nos inspiram... Na Terra criou as florestas, os prados, os bosques... os rios e os oceanos...
E povoou as florestas com animais, as águas com peixes e os céus com as aves que voam...
E os abençoou, dizendo: "Frutificai e multiplicai-vos".
E criando o homem, filho primogênito de seu Divino Amor, a ele ofereceu um presente: o soberbo presente dado ao primeiro ser humano... e a todos os seus descendentes, que somos nós: o planeta Terra...
E este presente implicava em um direito e em um dever: o direito de usufruir e o dever de preservar.
O direito de usufruir nós ainda o exercemos... e como!
O dever de preservar foi sendo esquecido ao longo dos tempos...
E as matas foram devastadas, as águas poluídas, a terra contaminada e o ar envenenado.
Segundo a ONU, resta-nos 8% da Mata Atlântica... talvez menos...
Na Amazônia, são cortadas, anualmente, 500.000 árvores...
Estão ameaçadas de extinção 303 espécies brasileiras de animais...
A região pantaneira sofre com as queimadas, a caça e a pesca predatória e a poluição das águas pelo mercúrio dos garimpos...
Nas grandes cidades, os rios, sem peixes, estão contaminados pelos resíduos industriais e pelos esgotos... e o ar que respiramos se constitui em uma mistura de oxigênio, gás carbônico e... enxofre!

A camada de ozônio, destruída, aumenta os casos de câncer e de catarata, desequilibra o sistema imunológico e acelera o efeito estufa...

Com o efeito estufa, surgem enchentes devastadoras e secas prolongadas...

A calota polar derrete-se...

Aproxima-se o fim.

E nós, parados ao pé da cruz, assistimos mais uma vez a agonia, agora não só do Cristo, mas também do planeta com que Deus nos presenteou.

A hora é de reflexão.

– 11 –

Fundação do Grande Oriente do Brasil (17 de junho)

A Maçonaria, no Brasil, nasceu em 17 de junho de 1822, quando foi oficialmente fundado o Grande Oriente do Brasil. Para entendermos como isso se processou, voltemos um pouco no tempo...

Em 1815, deu-se a fundação da Loja Maçônica Comércio e Artes (ainda não havia potência maçônica, apenas uma Loja).

Esta Loja, fundada por maçons comprometidos com a causa da nossa Independência, funcionou até 1818, portanto, 3 anos, quando foi fechada por lei imperial que proibia o funcionamento de sociedades secretas no país. Mas restabeleceu-se, reerguendo suas colunas em 1821, com o nome de Comércio e Artes na Idade do Ouro.

Um ano depois (1822), a Loja cresceu tanto que houve o seu desdobramento em três lojas distintas: Comércio e Artes, Esperança de Niterói, União e Tranquilidade. Os Irmãos foram distribuídos entre as três Lojas por sorteio. E nesse mesmo dia elas se reuniram, agregaram-se em uma Federação, em uma, Potência Maçônica, denominada Grande Oriente do Brasil. Isto aconteceu no dia 17 de junho de 1822... data que é considerada a oficial da fundação do G∴O∴B∴.

Nestas três Lojas, conforme as atas que chegaram até nós, só seriam iniciadas pessoas comprometidas com o ideal da Independência do Brasil... E sua ação foi tão eficaz que, nesse mesmo ano, três meses depois, ouviu-se nas Margens do Riacho do Ipiranga o brado de "Independência ou Morte"...

Mas isso já é outra história.

Fonte de Consulta: *Nós somos o Grande Oriente do Brasil – **autor**: Rubens Barbosa de Mattos.*

– 12 –

Dia de São João, Nosso Padroeiro (24 de junho)

"Arrependam-se de seus pecados, porque o reino do Céu está próximo...
Preparem as veredas por onde passará o Senhor...
Abram estradas retas para Ele."
Assim falava João Batista, a voz do que clama no deserto...
Aquele que foi escolhido por Deus para anunciar a vinda de Jesus...
Aquele que dizia, na sua humildade, não ser digno de carregar as sandálias do Mestre,
São João, nosso padroeiro,
que foi iniciado nos mistérios essênios...
que batizava com água,
enquanto esperávamos o Cristo,
que batizaria com fogo.

– 13 –

Dia Internacional de Combate às Drogas (26 de junho)

Nesta Nova Era de incertezas...
de grande progresso técnico
e retrocesso moral,
de conquistas científicas
e declínio espiritual,
cabe-nos uma reflexão:
Temos hoje mais conforto material
e menos valores éticos...
permanecemos mais tempo nas compras
e menos tempo diante do altar...
construímos nossa casa de campo
e deixamos de construir nosso templo interior.
Nos restaurantes, comemos muito
e nos alimentamos pouco...
fumamos muito... bebemos demais...
intoxicamo-nos em excesso.
Em cada esquina, alguém nos oferece
pós e pílulas... para tudo:
despertar, acalmar, dormir, erotizar... matar.
Em cada esquina alguém espera nossos filhos
para oferecer-lhes
o fumo que envenena,
o pó que mata.
Aos maçons, como condutores sociais,
cabe um brado de alerta;

À Maçonaria, como instituição social,
cabe uma atitude;
A nós, como iniciados,
cabe exaltar a virtude e combater o vício.
Apoiados em nossos Sagrados Princípios
e em nossa Sublime Filosofia,
mobilizemo-nos...
ensinando à juventude
que o trabalho é mais importante que o dinheiro.
Que a busca espiritual
vale mais que os prazeres espúrios:
o álcool, o fumo, as drogas.
Um homem só é livre quando está livre dos vícios.
Ensinemos aos nossos jovens,
que os novos tiranos que nos oprimem
hoje respondem pelo nome de traficantes.
Convoco para esta luta todos os meus Irmãos;
e convoco-os para que façam uso daquelas
armas que desde sempre usamos...
e que são as mais efetivas:
informação correta...
calcada na Virtude, na Ética, na Lei.

– 14 –

Queda da Bastilha
(14 de julho)

— Majestade, o povo clama por pão... falta o pão na mesa dos franceses...
— Pois se não têm pão, que comam brioches...

Tal diálogo, que à primeira leitura parece ter saído das páginas de uma comédia de *Molière* ou de algum delírio paranoico de *Kafka*, de fato existiu... e se deu na suntuosa corte de Versalhes, onde, vivendo uma festança sem fim, em meio a um luxo que deslumbrara o mundo, Luís XVI e Maria Antonieta imaginaram que a França fosse seu palácio dourado, sua corte imperial, a aristocracia e seus nobres bajuladores...

Descobriram que não era assim, no dia em que suas cabeças rolaram... arrancadas de seus corpos... na terrível máquina idealizada pelo dr. Guilhotin...

Era a queda da Bastilha... masmorra onde definhavam e mor-riam os inimigos do rei...

Caiu a Bastilha no dia em que a plebe, os famintos e os deserdados desse banquete perceberam que os tiranos são desnecessários... no dia em que os humildes perceberam que o poder dos reis nunca fora divino...

Os ideais maçônicos de Igualdade, Liberdade e Fraternidade conduziram a plebe ao poder, promoveram a Declaração dos Direitos do Homem, apontaram o caminho da Revolução, criaram a República.

Era o dia 14 de julho de 1789... marco e símbolo de uma nova era, não somente para a França, mas para toda humanidade.

– 15 –

Dia dos Pais
(segundo domingo de agosto)[6]

Existe, em nossas vidas, um homem que, pela sua imensa responsabilidade, tem um pouco de Deus... e pelo seu grande afeto, tem um pouco de Anjo...
Anjo protetor que se esmera no cumprimento do dever... que apenas fisicamente está distante, na luta do dia a dia... mas que, ao anoitecer, avidamente, regressa ao lar... trazendo muito carinho e, às vezes, pouco recebendo.
Que está sempre pronto para dar uma palavra amiga ou então para ouvir, comovido, um desabafo...
Que fica humilde... quando poderia se exaltar, e que, às vezes, chora escondido... a fim de ser observado.
Que sendo moço... age com a sabedoria de um ancião.. e, sendo velho... age com todas as forças da juventude.
Forte... entretanto, estremece com os feitos daqueles que ama e fraco, alteia-se com a bravura de um leão na defesa dos seus.
Muitas vezes é chamado de desatualizado...
Vivo... não lhe sabemos dar valor, porque à sua sombra todas as dores se apagam...
E só agiganta depois que o perdemos, quando então daríamos tudo o que temos e tudo o que somos para trazê-lo de volta.
Por fim, resta-nos o consolo de sua lembrança, dos dias felizes em que podíamos abraçá-lo, dizendo: "Meu pai".

---

6. *Inspirado em texto de Ramon Angel Jara.*

– 16 –

Semana do Exército (18 a 25 de agosto)

Dia do Soldado (25 de agosto)

Exército... Soldado... Duque de Caxias... Pátria.
Quatro palavras... impossível pensar em uma delas, sem que as outras surjam em nossas mentes e em nossos corações.
Luiz Alves de Lima e Silva... Patrono do Glorioso Exército Brasileiro... Duque de Caxias... Soldado e pacificador...
Difícil dizer se maior como soldado ou como cidadão... seja pela sua glória imorredoura nos campos de batalha ou pela sua exemplar e digna conduta na política e na administração.
Vulto altaneiro que emerge do passado e indica caminhos para o futuro, por meio do legado de toda uma vida dedicada à Ordem, à Legalidade, à Pátria.
Defensor maior da soberania brasileira.
Chama patriótica da Alma Nacional...
Figura excelsa e modelo invulgar a ser referido por toda a posteridade...
Enérgico e generoso nas guerras e nas rebeliões... justo e magnânimo na administração civil e nas Comissões Militares...
Verdadeiro e completo patriota... na guerra e na paz.
Na data de seu nascimento... 25 de agosto de 1803... a pátria comemora o dia do soldado... justa homenagem àquele que foi o seu símbolo e patrono... àquele que, um dia, na campanha de Humaitá, ao ver seus comandados vacilantes, heroicamente exclamou: "Siga-me quem for brasileiro"... àquele que venceu a Guerra do Paraguai, conquistando Assunção, em 1869... e, nesse mesmo ano, recebendo... como recompensa... o título maior de nobreza já dado pelo Imperador a um brasileiro: Duque de Caxias.

– 17 –

Dia do Maçom (20 de agosto)

Somos os Obreiros da Paz,
Os Artífices do Bem,
E em nome do G∴A∴D∴U∴, que é Deus,
Todas as semanas aqui nos reunimos
Erguendo templos à virtude
Cavando masmorras ao vício.

Somos os Irmãos trajados de preto
Que, em nome da ciência e do progresso,
todas as semanas aqui nos reunimos
promovendo o bem-estar da humanidade.

Somos os aprendizes da Arte Real
Os discípulos da Verdade
Que, em nome da Caridade e da Fraternidade,
Aqui nos reunimos sempre...
Para combater o mal, a injustiça, a tirania,
a ignorância, a superstição e os dogmas.

E assim o fazendo
Voltamos aos nossos lares,
Imbuídos de renovados ideais
E com renovadas esperanças...

Procurando dar sempre o melhor de si
E encontrar sempre o melhor nos outros...
Pois, para nós,
O mundo será Justo e Perfeito
Quando houver a Paz, a Harmonia e a Concórdia,
Quando triunfarem a Liberdade, a Igualdade e a Fraternidade.

– 18 –

Dia da Independência
(7 de Setembro)

7 de Setembro... Dia da Independência.
Independência almejada por todos, mas ainda não consolidada... em quase dois séculos de lutas.
Ao desatar os laços coloniais, Dom Pedro I e a Maçonaria deram os primeiros passos, os mais importantes, em direção à liberdade.
Mas a luta pela liberdade plena continua... até os dias atuais.
Dom Pedro, como mortal, cumpriu o papel que lhe coube, e findou os seus dias aqui na Terra. A Maçonaria, eterna como instituição, continua exercendo o seu papel, a sua missão sagrada de constante vigilância, que é o preço da independência e da liberdade ainda não totalmente alcançadas...
Nesta data, quando historiadores recordam os nossos feitos heroicos e poetas os cantam em verso e prosa, é nosso dever refletir, em Loja, sobre estes temas e sobre a magnitude desta data. Perguntemo-nos, nesta era de globalização da economia, nesta nova era de incertezas, quais são, onde se escondem, como agem os novos tiranos que teremos de enfrentar...
Liberdade pressupõe segurança, pressupõe direito de escolha, pressupõe oportunidade igual para todos os iguais.
Nós já alcançamos tudo isto?
Façamos uma viagem introspectiva, procurando avaliar se hoje somos independentes, se a nossa pátria, economicamente, é realmente livre... se os nossos direitos são assegurados; e falo aqui dos direitos essenciais, dos direitos mínimos necessários para que a vida decorra com dignidade.
Questionemo-nos, nesta data, sobre o papel que cabe a nós, maçons, e qual a melhor maneira de executá-lo.

– 19 –

Dia da Criança
(12 de outubro)

Procuremos, hoje, a companhia de nossos filhos... de nossos netos... de nossos sobrinhos... e por meio destes pequeninos entes queridos, lembremo-nos de todas as crianças do mundo: pobres e ricas, brancas e negras, órfãs, excluídas, carentes...
Pois hoje é o dia da criança... e ela é uma criatura mágica... um poema... mensagem de pureza... gesto inesperado de bondade e de carinho...
Jesus brincava com as crianças... e, por vezes, parecia uma delas...
"Quem não for semelhante a elas, não alcançará o reino de Deus"...

"Nós, os adultos, muito mais importantes que elas, podemos expulsá-las de nosso escritório... mas não de nossas mentes...
Podemos pô-las para fora de nossa sala de visitas... mas não de nossos corações...
Porque uma criança é a verdade com a cara suja, a beleza com um corte no dedo, a esperança do futuro com os cabelos despenteados...
A elas... todo poder do mundo se rende... e os céus a protegem...
E à noite, quando você chegar em casa, com suas esperanças... seus sonhos... reduzidos a pedaços, ela tudo pode remediar, com seu sorridente... 'Oi papai'".[7]

---
7. *Autor desconhecido.*

– 20 –

Dia do Professor
(15 de outubro)

Colocou Deus, o Grande Arquiteto do Universo, em tuas mãos... Professor... mestre... o futuro do Gênero Humano.
    E tua missão é amparar... com tuas solícitas mãos... o Fogo Sagrado do Saber, a Chama Puríssima do Conhecimento Humano.
    Tua missão... tua nobre missão... é preparar hoje a sementeira... para que amanhã possa haver a colheita. Teu trabalho de Educador é voltado para o futuro.
    A educação para todos... igualitária... como hoje a conhecemos e entendemos... tem suas raízes em ideais que à luz vieram com a Revolução Francesa e a Maçonaria... inspiradas ambas na tríade Liberdade, Igualdade e Fraternidade.
    De Comenius a Jean-Jacques Rousseau, do Marquês de Condocet a Pestalozzi, de Decroly a Montessori... foi uma longa jornada... sintetizada na Nova Didática que, resumidamente, consiste em escolher métodos educacionais que aproveitem o interesse espontâneo dos alunos, de acordo com sua idade física e mental, respeitando o ser humano na íntegra... como um todo.
    O primeiro mestre do Brasil, em terras recém-descobertas, foi Anchieta... e, em sua homenagem, a Associação dos Professores Católicos do Rio de Janeiro instituiu esta data... 15 de outubro... como o dia do Professor... sendo a data gradativamente comemorada em outros estados, alcançando hoje todo o universo escolar.
    E nesta data tão significativa, prestemos nossas homenagens... e honras... àquele que um dia... nos orientou em nossas primeiras letras e sílabas... e que nos acompanhou até o laurel de um título universitário.
    À Ti... Mestre.... tudo é devido.

– 21 –

Proclamação da República
(15 de novembro)

A Proclamação da República que hoje se comemora não se efetivou pelo poder das armas, pelo fio das espadas ou pelo ribombar dos canhões...

Se ela foi proclamada por um militar, é também verdade que este militar, antes de chegar ao poder, empunhou, durante dois anos, o supremo malhete de nossa instituição: Deodoro da Fonseca, mestre maçom, grau 33, Soberano Grão-Mestre do Grande Oriente do Brasil, no período de 1890 a 1891... e cujo ideal despontou menos nos quartéis que nos Templos maçônicos... despontou no calor das ideias e na chama acesa de nossos ideais...

Sob a égide da Liberdade, Igualdade e Fraternidade, mais uma vez, guiado pela Maçonaria, o povo brasileiro escolheu seus caminhos e ganhou o direito de escolher seus representantes... o sagrado direito da escolha pelas urnas... a única arma eficaz no combate à tirania: o voto livre.

– 22 –

Dia da Bandeira
(19 de novembro)

A ti, Bandeira Nacional, a nossa saudação.
Te amamos, como te amou o poeta,[8] quando declamou:
"Auriverde pendão de minha terra
Que a brisa do Brasil beija e balança...
Estandarte que a luz do sol encerra
As promessas divinas da esperança".
E... repetindo as palavras do saudoso Jânio Quadros...
"Aqui nos reunimos e te homenageamos porque acreditamos em ti...e na tua destinação de símbolo de nacionalidade.
Evocamos, na tua contemplação, a nossa História, sequência soberba de sacrifícios e sonhos, de coragem e de fé, de heroísmo e de trabalho....
Na festa de tuas cores, renovamos nossos compromissos com a pátria que tu representas."
Recebe, Pavilhão Nacional, o nosso juramento: se não pudermos ter-te por manto, desejamos-te por sudário.

---
8. *Castro Alves – poesia: O navio negreiro.*

– 23 –

Dia do Imigrante
(1º de dezembro)

Nos albores do século XX, quando São Paulo, libertando-se dos grilhões da monocultura do café, dava seu grande salto em direção ao progresso e à modernidade, assumindo as rédeas da liderança de nossa Nação, quando os brasileiros aqui residentes abriam seus portos... e suas portas... para o mundo, inicia-se a saga e a epopeia de nossos imigrantes, vindos de todas as partes do mundo e irmanando-se na grande Babel paulistana...

Levas inteiras de famílias que aqui chegavam, atraídas pelo que este país, ainda jovem, de melhor tinha a oferecer: oportunidades de trabalho, paz, estabilidade política, justiça social...

A História é mestra da vida... e o passado, uma importante lição...

Os caminhos da imigração... tão desiguais... cruzam-se, encontram-se e desembocam no Admirável Mundo Novo que é esse país tropical... terra abençoada por Deus e bonita por natureza... terra onde os sonhos tornam-se realidade, onde a paz e a esperança existem... onde as realizações acontecem...

Todos nós, imigrantes ou seus descendentes, viemos de outros tempos e de outros climas para aqui fincarmos nossas raízes... para aqui educarmos nossos filhos e netos.

Meu coração de origem estrangeira é hoje verde e amarelo... e brinda este país que nos acolheu como filhos, que nos uniu como irmãos, que nos amou como ninguém...

Guardemos esta data em nossos corações.

– 24 –

Natal
(25 de dezembro)

Natal é a celebração da glória do Criador na paz dos homens de boa vontade...
É a superação das paixões, o renascimento ecumênico do amor, a Boa-Nova do encontro entre a vocação humana de Deus e a vocação divina do homem...
Natal é o prenúncio de um mundo melhor, é a manifestação, por meio de uma criança, da força nova que virá... da força que não esmaga, mas que liberta.
Enquanto houver Natal, haverá esperanças de vida, pois Natal é Deus juntando-se aos homens.
Aos Irmãos.. à todos os Irmãos e familiares, externamos nossos votos de que, na data magna da cristandade, entre seus presentes de Natal, o Grande Arquiteto do Universo também coloque os Dele: Saúde, Força, União.

Terceira Parte
Peças de Arquitetura para Sessões Magnas

– 1 –

Iniciação

Texto nº 1

O peregrino em busca do conhecimento dispensa a viagem geográfica... Aquela que se realiza no espaço físico deste pequeno planeta que habitamos...

Sua viagem é maior... e ela tem início nos mais recônditos e obscuros grotões de nossa mente, prossegue pelos caminhos insondáveis da alma, alcança as grandes rotas do espírito e finaliza-se no templo do coração...

A venda colocada em teus olhos te fez refletir sobre as trevas, sobre quão profunda é a escuridão do espírito...

E a luz, que te foi dada, mostrou-te o deslumbramento de nossa filosofia, da filosofia maçônica...

Conhecedor... agora... do abismo existente entre a luz e as trevas, sobre isso deves meditar...

O ensinamento aqui é simbólico... a conclusão deve ser prática...

A luz que ilumina o espírito... que aviva o intelecto... que clareia o caminho... essa luz, aqui, a terás...

E somente mais tarde, quando dela estiveres repleto, saciado, poderá avaliar quão grandes eram as trevas em que estivestes mergulhado...

Meu Irmão recém-chegado...

Todas as semanas aqui nos reunimos... e quando conosco estiveres, deixa de lado a toga, a farda, o uniforme... veste teu terno escuro ou teu balandrau... aqui, todos somos iguais.

Quando aqui entrares, deixe lá fora as joias, as condecorações, as medalhas, as comendas...

Aqui de nada te servirão...

Esquece em tua casa teus diplomas, teus títulos, tuas credenciais... aqui não terão valor...

Não traga para este Templo teus talões de cheque, passaportes, escrituras, cartões de crédito... aqui, deles não precisarás...

Traga, isto sim... tua lealdade, tua amizade, tua humildade...

Traga tua inteligência e o teu amor...

Tua fraternidade e o teu afeto...

Pois é disto que necessitamos.. é a isso que damos valor.

Aqui nos reunimos e pedimos ao Grande Arquiteto do Universo, que é Deus, que nos ilumine, que nos ampare, que dirija nossos trabalhos à perfeição...

E é isso que o convidamos a fazer.

Hoje começa, para ti, uma grande jornada, uma viagem simbólica e introspectiva, uma nova concepção de vida, uma realidade maior...

Queremos que aproveite ao máximo tudo que aqui for ensinado...

Queremos que progrida conosco, assim como convosco progrediremos...

Galgando, todos juntos, os degraus do aperfeiçoamento interior...

Lá fora, no mundo profano... para que sejas o primeiro, alguém deverá ser o último.

Lá fora, no mundo profano... só serás vencedor quando abaixo de ti houver vencidos...

Mas aqui não... Aqui somos todos iguais... porque a lei que nos governa é a lei do amor... "e o amor é mais generoso que a vitória...

O amor não se alimenta da derrota... nem a ela está condicionado...

Absoluto, o amor prescinde dos contrários, independentemente do contraste..."[9]

E este amor, aqui você o descobrirá na convivência com os teus irmãos.

Usando o esquadro da razão e o compasso da sensibilidade, se fores idealista e persistente, estes mistérios você os decifrará...

E é isto que todos nós, ardentemente, te desejamos.

---

9. *Solom Borges dos Reis.*

Texto nº 2

Obs. Muitas Lojas norteiam suas atividades por uma tônica voltada ao esoterismo; nelas, a saudação que o orador dirige ao(s) iniciado(s) deve obedecer a essa tônica, como demonstramos a seguir:

Meu querido Irmão:
É assim que doravante nos trataremos... pois a Ordem em que acabastes de ingressar é, acima de tudo, uma Irmandade.

Uma Irmandade... porém, não apenas uma Irmandade; muito mais que isso... somente o tempo e o convívio vos darão uma ideia mais clara, mais precisa, mais lúcida... daquilo que realmente representamos.

Por ora... vos direi que não somos uma Sociedade Secreta... embora tenhamos nossos segredos e mistérios.

Somos.. isto sim... uma Sociedade Iniciática, na qual iniciados são homens livres e de bons costumes... como vós.

Vossa iniciação simboliza... já deveis tê-lo sentido... uma viagem inteira, introspectiva e transcendental... na qual tua alma recebe virginal o primeiro beijo da Sabedoria.

Desnascendo para a Matéria e renascendo para o Espírito, vislumbrastes, nesta primeira etapa, os quatro elementos fundamentais da Natureza: a Terra, a Água, o Ar e o Fogo.

Ainda não se completaram, meu Irmão Aprendiz, duas horas... desde o momento em que, guiado pelas mãos de teu mestre maçom... viajastes pelo interior da Terra, no ambiente frio, lúgubre e escuro onde fizestes o derradeiro testamento de tua vida, abandonando as trevas e caminhando em direção à luz... sorvendo da verdadeira sabedoria maçônica que se oculta na pedra filosofal tão almejada pelos alquimistas... no *vitriol* de Hermes Trimegisto.

Conhecestes, a seguir, o Ar... símbolo da vida... que deveis valorizar sobre todas as coisas...

Ar que é a manifestação divina do plano material... ao qual o hinduísmo dá o nome de prana, os alquimistas de éter e os ocultistas de *anima mundi*, o sopro vital que anima, que dá vida e alento ao Universo...

Com o Ar, batiza a Mãe Natureza no momento em que nascemos...

Conhecestes também a Água... que vivifica, que sacia... que, misturando-se a todas as imundícies... evapora, limpa e pura... subindo aos céus... retornando à sua divina origem.

"Eu sou a fonte da Vida... e quem desta fonte beber, não morrerá... mas terá vida eterna", diz o Senhor.

Com Água... batizava São João, nosso padroeiro.

E por fim, o Fogo.

O ígneo purificador... a chama sagrada em cuja fogueira carbonizam-se os vícios e as vaidades humanas, fazendo com que tudo retorne ao pó...

"Lembra-te, ó homem, que és pó... do pó vieste e a ele retornarás", assim diz o Livro da Sabedoria.

O fogo é chama do Espírito e faz desaparecer as Trevas... dele... surge a Luz... ele é o domínio do mundo espiritual... em cujas fronteiras vislumbramos a Divindade.

Com fogo batizou Cristo, nosso Mestre.

Enorme, portanto, fica a vossa responsabilidade ao iniciar-se nestes Mistérios... pois convosco contamos para a sua perpetuação, para que acesa mantenha-se a chama sagrada desta Sabedoria, cujas origens perdem-se... na noite dos tempos... nas brumas de um passado ignoto. Sabedoria cuja transmissão não obedece aos padrões ocidentais de ensino... onde há professores e alunos; aqui há Mestres e Aprendizes... e o saber somente é transmitido para aqueles "que tiverem ouvidos para aprender".

As flores aqui não são oferecidas...

É necessário que se aprenda colhê-las.

Finalizando, expresso os votos, em meu nome e em nome de toda a Loja, de que o Irmão identifique-se com os nossos princípios e junte-se aos nossos ideais, para que todos juntos.. unidos... coesos... possamos colaborar na Grande Obra do Supremo Arquiteto dos Mundos.

– 2 –

Elevação

A coluna onde vocês agora têm assento é a coluna da beleza, da arte, da sensibilidade, da harmonia...
 É a coluna onde devem ter assento os músicos, os poetas, os pintores, os sonhadores, que, como vocês, assumem compromisso com a arte, vivem para a beleza e sabem criar e dar forma ao belo, dando polimento e brilho à pedra cúbica...
 Apenas por um momento deixo a realidade desta sessão, peço uma licença poética aos meus queridos Irmãos... e sonho...
 Sonho dirigindo os olhos da alma à terceira visão, à coluna do Sul e lá... vejo, por obra e fantasia da imaginação, os vultos, a sutil presença espiritual dos maiores gênios que a humanidade já conheceu e que, com certeza, se comparecessem em uma sessão maçônica, na coluna do Sul estariam presentes...
 Um pouco mais de asas na imaginação... e vejo... na coluna da Harmonia, o nosso Amadeus, o nosso irmão Mozart, executando acordes de sua ópera maçônica *A Flauta Mágica*, fantástica obra, de cunho esotérico, repleta de simbolismos e ensinamentos ocultistas...
 Quase ao seu lado estaria Leonardo da Vinci, no ato de burilar o enigmático sorriso da Gioconda, eternizada na técnica do *sfumato*, que apenas ele, mestre Leonardo, dominava... nos albores da Renascença... ou então dar a vida aos apóstolos de Cristo, em sua última e Santa Ceia, em que, por sutilezas de forma e de cor, Leonardo nos apresenta, ao mesmo tempo, os 12 apóstolos e os 12 signos zodiacais...
 Mais adiante, surge o rosto feio de Michelangelo Buonarroti, com os olhos avermelhados e injetados de sangue... sequela do tempo em que decorou o teto da Capela Sistina com o rosto voltado para cima, recebendo nos olhos os respingos de suas tintas miraculosas...
 Michelangelo, dando acabamento, dando o polimento final e o brilho na fria pedra marmórea que o seu gênio transforma na Pietá...

Não poderia faltar, nestas imagens oníricas, a figura ímpar e inconfundível de Willian Shakespeare, absorto, comedido, talvez mentalmente elaborando o pensar profundo de Coriolano, os monólogos fortes de Hamlet ou os diálogos românticos de Romeu e Julieta...

Nem faltaria, disso tenho certeza, o belo perfil de Castro Alves, o príncipe dos poetas brasileiros, sonhando com a abolição dos negros e compondo odes à liberdade...

E por mais que eu me embrenhe neste sonho, por mais delirante que sejam minhas visões, na verdade não me afasto muito da realidade... porque a coluna do Sul é assim mesmo... dedicada à beleza em suas múltiplas facetas.

É a coluna que, a partir de hoje, vocês passam a ocupar...

E se vocês forem... como eu sei que são... românticos e sonhadores, nesta coluna vocês verão o que hoje eu vi, sentirão o que eu senti, viverão o que eu vivi...

E compartilharão de meu sonho...

– 3 –

Exaltação

Aquele que tem a sorte, o destino, o carma ou o privilégio de ser iniciado nos augustos mistérios de nossa Ordem, após passar pelo crivo da lei, pela sindicância de nossos Irmãos e pelo julgamento soberano de nossa Oficina... é admitido... na condição de aprendiz... aprendiz que um dia você foi...

E este aprendizado prossegue, aumenta, aprofunda-se e tem o teu corolário no dia de tua elevação ao grau seguinte... grau de Companheiro... que até hoje tu fostes...

O Companheiro, persistindo na justa senda e no reto caminho, cobre mais esta etapa... e por fim sobrepuja-a, galgando o grau definitivo de uma Loja Simbólica... o Grau Terceiro... O Grau de Mestre, que o acompanhará até o fim de teus dias...

Meu querido Irmão... hoje tu és mestre, mas tua etapa apenas começa...

Já obtivestes o título, mas ainda não possues a vivência...

Já tomastes posse das ferramentas... mas ainda não executastes o trabalho...

Hoje recebestes as primeiras noções, os primeiros conhecimentos... o mínimo indispensável para assumires o papel de mestre...

Porém... somente ao longo deste percurso que ainda mora na casa do amanhã, no futuro, no porvir... é que exercerás o teu papel... e isto se souberes manejar, com maestria, os instrumentos que lhe foram confiados, se puderes assimilar as imensas responsabilidades e conhecimentos agregados ao novo título que ostentas...

A partir do dia em que esta oficina deliberou marcar a data de vossa exaltação, feliz, e ao mesmo tempo preocupado com o que vos dizer, pus-me a escolher palavras que pudessem marcar essa data, tão importante e significativa para todos nós...

E comecei a redigir um longo e solene discurso, tão eloquente quanto me é possível ser... recorrendo aos dicionários, escolhendo e compondo frases rebuscadas, pinçando aqui e acolá o brilho das ideias prontas, em um estilo pomposo e grandiloquente de que não é meu feitio utilizar...
E em dado momento... rasguei tudo...
Joguei fora o entulho de palavras inúteis que seriam atiradas ao vento... e resolvi falar-vos com o coração... porque... por mais longe que o intelecto alcance, nunca irá tão longe como o coração.
Agora tu és Mestre... alcançaste a plenitude de teus direitos maçônicos... podes votar e ser votado... podes ocupar cargos em Lojas e nas comissões, podes influir nos caminhos a serem traçados para o futuro de nossa oficina... estás apto a frequentar todas as sessões da Maçonaria simbólica nos três graus que a compõem... podes frequentar outras oficinas e delas participar, seja qual for o grau em que estejas trabalhando... podes prosseguir em teu aprimoramento espiritual, inscrevendo-se nos inefáveis graus filosóficos...
A partir de hoje todas as portas estarão abertas... basta querer entrar...
Mas...
Não se iluda, meu Irmão...
Mestre simbólico, como todos nós somos, na verdade continuamos aprendizes...
A passagem ao terceiro grau, o título que ora vos é conferido, aumenta o vosso conhecimento... e, com ele, aumenta vossa responsabilidade...
O grau de mestre simboliza a prevalência do espírito sobre a matéria e inspira todos nós a seguir o exemplo daquele que foi verdadeiramente mestre, que foi mestre divino e não somente mestre simbólico...
Tu já sabes a quem me refiro... ao mestre carpinteiro que um dia viveu entre nós, há dois mil anos...
"A Ele, que não sendo médico... curou todas as enfermidades...
Que não sendo advogado... explicou os princípios básicos de toda a lei...
Que não sendo engenheiro nem arquiteto... nos mostrou como erigir o nosso templo interno...
Que não sendo militar... conquistou milhões e milhões de almas neste mundo.

Que não sendo administrador... mostrou-nos como gerir nossas vidas, administrar o nosso comportamento e assim alcançar o reino celestial...
Que foi simples como uma criança... e profundo como um filósofo.
Severo como um juiz... e carinhoso como uma mãe...
Terrível como a tempestade... e meigo como a luz do sol..."[10]
Este é o exemplo a ser seguido... o trabalho a ser imitado... a lição a ser aprendida...
O vosso trabalho como mestre começa hoje... e terminará no dia de vossa morte... quando então serás julgado... não por nós, seus Irmãos falíveis... mas pelo Grande Arquiteto do Universo, nosso Deus...

---

10. Inspirado em Huberto Rohden.

– 4 –

Regularização

Ao longo de minha vida, tive a oportunidade de visitar... e conhecer... muitos lugares espalhados e encravados neste imenso país. E alguns lugares, nem saberia dizer bem o porquê, me agradaram mais que outros... e neles voltei, e volto sempre que posso.
    Talvez... porque lá deixei... quando parti, um pedaço de meu coração...
    Talvez... porque quando lá volto, reencontro um pouco de mim mesmo...
    Talvez... porque lá deixei... revejo coisas boas que deixei: o clima ameno, as tardes ensolaradas, o pôr do sol, a boa mesa, os amigos leais...
    Com o nosso Irmão regularizando... algo parecido aconteceu...
    Ele já esteve aqui, participando de nossas reuniões, partilhando de nossos ideais, vivenciando nossa fraternidade...
    E... um dia.. ele nos deixou...
    Mas hoje ele está de volta... e o que importa, é que hoje ele está de volta...
    E voltou... porque o bom filho à casa torna.
    E voltou... porque sabe que aqui estão os seus.
    E voltou... porque sabe, que aqui, exatamente aqui, é o seu lugar...
    Seja bem-vindo Irmão regularizando, neste nosso reencontro.

– 5 –

Filiação

Meu querido Irmão, que, a partir de agora, vem somar esforços em nosso árduo trabalho na Pedra Bruta, que a partir de hoje engrossa nossas fileiras de obreiros úteis e dedicados, que d'ora em diante passa a compartilhar os nossos sonhos e ideais... nós, aqui, te recebemos com afeto e simpatia, com gratidão e carinho. Para nós... para todos os Irmãos desta Augusta e Respeitável Loja Simbólica, constitui motivo de orgulho, entre tantas Lojas desta região, a escolha da nossa para prosseguires em tuas atividades maçônicas.

Esperamos nunca decepcioná-lo em teus anseios, assim como temos certeza de que não nos decepcionarás...

Encontrarás neste Templo, nesta colmeia de labor e de fraternidade, Irmãos sempre prontos a te defenderem... e a te ajudarem, se preciso for.

Guardaremos esta data no relicário de nossas boas recordações e tudo faremos para que a resolução que hoje tomastes possa ser, para sempre, correta e valiosa.

A grande família constituída pelos Irmãos desta Loja te saúda, te agradece e te convida a tomar um lugar entre nós. Com os braços abertos, contentes e satisfeitos, te recebemos... solicitando ao nosso Irmão Secretário que registre, com letras de ouro, a ata de tua filiação.

– 6 –

Inauguração de Templo

Para construir um castelo, empregam-se pedras e argamassa... ferro e madeira...
Para construirmos um templo, necessitamos de pedras e fé, argamassa e amor, ferro e esperanças, madeira e ideais...
Um castelo deve ser obrigatoriamente luxuoso...
Um templo tem que ser sublime...
No castelo habitam os reis...
No templo moram os deuses...
O historiador que se debruça sobre o passado, buscando conhecimentos sobre as sociedades secretas, defronta-se com enigmas por vezes insolúveis... principalmente no que tange às origens destas sociedades... pouco... quase nada... sabemos do alvorecer da Arte Real, perdida que foi nas névoas do passado, na noite milenar da história...
Temos, entretanto, uma certeza... os nossos precursores, aqueles que nos antecederam, foram construtores... foram os pedreiros livres que ergueram capelas, abadias, igrejas e catedrais... foram eles, nos tempos heroicos da Maçonaria operativa, os construtores de Templos...
E hoje... voltando às primevas origens, revivendo o passado, qual Phênix ressurgindo das próprias cinzas, nos reunimos... assoberbados, orgulhosos e felizes, contemplando à nossa volta o fruto de nosso trabalho...
Os pedreiros livres, aqui reunidos, tal como seus ancestrais, construíram o Templo...
Templo tão sonhado por aqueles que amaram a nossa Loja, por todos os que acalentaram este ideal... Por todos aqueles que partiram... e que hoje... do Oriente Eterno... acompanham nossa obra e abençoam nossas ações... Por todos aqueles que estão presentes, compartilhando nossa luta,... pelos velhos mestres, que nos guiaram nos momentos incertos,... pelos jovens mestres... força e entusiasmo de sua plena

juventude,... pelos companheiros e aprendizes que, no pouco tempo de convívio conosco, aprenderam a cultuar nossos sagrados valores... Identificados pelo ideal comum de crescimento e de emancipação...

Queria Napoleão que a palavra "impossível" fosse suprimida dos dicionários... e tinha ele suas razões... nada é impossível quando se tem um espírito empreendedor e uma causa nobre no coração.... nenhum obstáculo é intransponível quando a determinação é alimentada pelo amor e pela bondade... nenhum projeto é inviável quando orientado pelo Grande Arquiteto do Universo, que é Deus...

Desnecessário seria anunciar, neste momento, o nome de todos os que contribuíram para tão grandiosa obra... pois entendemos que se assim o fizeram, outro desejo não os motivou que o de servir a tão nobre causa, sem nunca visar a honrarias, aplausos ou recompensas futuras... porém, todos aqueles que deram sua parcela de contribuição devem sentir, em seu íntimo, no âmago de seu ser, um conforto moral e espiritual incomensurável... porque esta realização não tem preço... tem valor... e mesmo este valor jamais poderá ser aquilatado com justiça pelo humano entendimento.

Estamos todos de parabéns...

Diante de tal obra, nossas esperanças renovam-se e agigantam-se... quanto ao glorioso destino de nossa querida Loja... colmeia de trabalho e fraternidade, de fé e de amor...

– 7 –

Posse de Nova Administração

Neste dia de festa, valendo-me de metáforas, ouso afirmar que o nosso barco chega novamente a um porto seguro...
Foram dois anos de uma longa viagem, "por mares nunca dantes navegados", como diria Camões, o poeta maior da língua portuguesa...
Atravessamos tormentas e calmarias, sentimos o açoite dos ventos e o flagelo das tempestades, enfrentamos todas as procelas do mar...
Mas também nos inebriamos com a brisa marítima e contemplamos, extasiados, a imensidão de novos horizontes... Que descortinaram a nossos olhos...
Sob o comando firme de um capitão competente, ombro a ombro com uma audaciosa tripulação... cumprimos nossa missão com galhardia e coragem.
E tendo alcançado um porto seguro, hoje festejamos e comemoramos...
Aproveitemos bem este dia de festa e descanso... porque amanhã... inquietos, estaremos novamente partindo... Irmanados na mesma vontade, imbuídos dos mesmos propósitos, comungando os mesmos ideais... unidos, coesos, encetaremos nova viagem...
Olhando para o futuro, sem o passado perder de vista...
Acumulando os louros de ontem e preparando os loureiros de amanhã...
Por força imperiosa da lei e da democracia que nos governam e nos inspiram, a cada viagem muda-se o comando desta embarcação... E o nosso barco parte novamente... Segue em busca de seu destino, carregado com os fardos... Com os leves fardos... de seus ideais...
Serão mais dois anos de viagem... De uma viagem simbólica, introspectiva, interior, de uma viagem que não tem fim e que nunca termina, porque ela, a viagem, é nosso objetivo maior...

Mas... antes da partida, convém que consultemos os velhos mapas, as cartas marítimas, os roteiros do mar que nos foram legados por aqueles que nos antecederam... Vamos consultar os pioneiros, os velhos lobos do mar... Alguns aqui presentes, outros.... Presentes em espírito...

Vamos primeiro pedir seus conselhos e sua orientação segura... Ouvir a voz amiga de sua experiência... e de sua sabedoria...

Aí, então, partiremos... Prontos a enfrentar os maremotos, as calmarias, as tempestades, as ventanias... E todas as procelas do mar...

Todos a seus postos: vigias... timoneiros... oficiais... marujos e tripulantes...

Mestres... companheiros.... e aprendizes...

O novo comandante ordena que se iniciem as velas da gávia, que se levantem as âncoras, que, desde a proa até a popa, todos recomecem a trabalhar...

E como bons marinheiros que somos, voltemos nossos olhos para o céu... Lá, uma estrela nos indicará o caminho.... Uma estrela fulgurante, de brilho invulgar... A mais bela estrela do firmamento... A mais radiosa de todas as estrelas... a nossa querida Estrela Maçônica.

Meus Irmãos... a Maçonaria crê no ente supremo, no Grande Arquiteto do Universo, que é Deus, e nós, os maçons, não nos empenhamos em empresa importante, sem antes o invocarmos...

Invoquemos-Lo, portanto, e peçamos a Ele que proteja os obreiros da paz aqui reunidos, que anime o nosso zelo, que fortifique a nossa alma na luta das paixões, que inflame o nosso coração no amor, na virtude, que faça de nossa viagem um poema de paz... Uma epopeia de amor... E que nos guie... Nas lutas atrozes, nos momentos incertos e difíceis, na dor e na alegria, no sucesso... e na vitória...

E no ponto mais alto do mastro de nossa nave, ergamos a bandeira de nossa Pátria e o estandarte de nossa Loja... Para que todos possam ver quem somos, o que somos, e tudo o que representamos.

– 8 –

Sagração de Estandarte

As palavras são insuficientes e pobres... quando tento exprimir o admirável legado... a preciosa dádiva... representada por este estandarte, fruto da dedicação e do empenho desta plêiade de Irmãos de nossa querida Loja...

Irmãos idealistas e entusiastas, que, com brilho invulgar... e precioso afinco, souberam engrandecer ainda mais o nome desta oficina.

Registre-se em ata, com letras douradas, o penhor de nossa gratidão a todos os que, direta ou indiretamente, contribuíram e trabalharam... para tão nobre finalidade.

A sagração deste Estandarte, realizada hoje, representa o coroamento de uma administração que deixa sua marca... e deixa-a... com garbo e pujança... marca indelével da qual lembrar-se-ão todos aqueles que nos sucederem... na marcha infinita dos anos e dos séculos.

A sagração de um Estandarte... é ato litúrgico... e único... e como tal, solene e grave... pois representa duas realidades... distintas, porém complementares:

A primeira... constituindo-se no aspecto material e visível... representa a personalização de uma Loja... distinguindo-a das demais; é o cartão de visitas que a identifica na riqueza de seus detalhes e na beleza de suas cores.

A segunda... esotérica... e portanto, maior... imortaliza o arquétipo... que direcionará os anseios, as esperanças e os sonhos... daqueles que o conceberam... daqueles que hoje sagram-no... daqueles que amanhã o contemplarão.

E ele, nosso querido estandarte, a todos indicará... o caminho sem retorno de nosso aperfeiçoamento espiritual, da construção de nosso templo interior.

Ele, nosso querido Estandarte, agora não mais uma figura de retórica, mas uma realidade materializada, saberá conduzir-nos, saberá levar adiante os destinos desta tão gloriosa Loja Maçônica.

– 9 –

Consagração Matrimonial

No princípio, o Grande Arquiteto do Universo criou o Céu e a Terra... e do pó da terra esculpiu, à sua imagem e semelhança, o primeiro de todos os seres humanos... e concedeu-lhe o dom da vida, insuflando o ar em suas narinas...
    A seguir, adormeceu-o... e de uma de suas costelas fez surgir sua companheira... sua contraparte feminina... sua alma gêmea.
    E a ambos assim falou:
    "Não é bom que o homem esteja só. Portanto, deixará ele pai e mãe e apegar-se-á à sua mulher... e ambos serão uma só carne".
    E assim foi feito... e assim é... e assim, sempre será.
    Na belíssima alegoria da Sagrada Escritura, evidente fica que... o matrimônio, por Deus instituído e por Ele abençoado, é a base da vida e corolário indispensável à felicidade humana... é o objetivo supremo da existência... é a base da família e o esteio da sociedade.
    Solene e sagrado... é ele abençoado por Deus nas alturas... e também por nós, seres mortais, no círculo de amizade e afeto que hoje compomos...
    Em meu nome... e em nome da Loja, externamos os votos, ao distinto e simpático casal, de que vossa felicidade seja perene... como perene é o amor que... percebe-se... vos une pelos sagrados laços do matrimônio...
    Matrimônio que, assim pedimos e assim o desejamos, forme um Lar... céu de felicidade e de amor... de admiração e respeito mútuo... Um Lar que, ao passar dos anos, transforma-se em Família... gerando filhos e netos, crescendo e multiplicando-se... obedecendo assim os desideratos do Grande Arquiteto do Universo, que é Deus.

– 10 –

Adoção de Lowtons

Senhoras e Senhores...
É com grande satisfação e imensa alegria
que abrimos hoje as Portas deste Templo Sagrado,
para a realização desta cerimônia...
tão antiga quanto sublime...
tão tradicional quanto significativa...
na qual... por meio de alegorias e símbolos...
a Maçonaria coloca sob as asas de sua proteção...
estes jovens... o espelho do futuro da Pátria,
comprometendo-se a dar-lhes proteção e segura
orientação, até que alcancem a maioridade.
Proteção no seu sentido mais nobre e mais
legítimo... que é a proteção espiritual e moral.
Orientação... no caminho do bem, da honra, da
virtude... e de todas as verdades eternas de
nossa excelsa filosofia.

Aqui...
em nosso convívio fraternal e amoroso,
estes jovens hão de descobrir os valores
éticos e morais que cultuamos...

Aqui...
aprenderão a amar e honrar seus pais, seus
familiares, seu próximo.

Aqui...
aprenderão a amar sua Pátria, a venerar
seus santos, heróis e mártires.

Aqui...
aprenderão a crer na existência de um princípio e criador absoluto eterno... ao qual denominamos o Grande Arquiteto do Universo, que é Deus.

Ajudaremos estes jovens a desenvolver uma personalidade reta e justa... forjada no estudo, no trabalho e no exemplo... na amizade e no amor.

Mostraremos a estes jovens... e eles entenderão... por que a Maçonaria abomina os traidores, os falsos e os perjuros... por que a Maçonaria combate, com todo seu vigor, a ignorância, o erro e a superstição.

A adoção que ora presenciais, não é restrita apenas a esta Loja...

Não são apenas os Irmãos aqui presentes que patrocinam esta adoção...

Ela é muito maior... pois que se estende a todos os Irmãos e todas as Lojas desta cidade... deste país... e do mundo.

Estes jovens, a partir de hoje, são adotados pela Maçonaria Universal... e onde quer que se encontrem, onde quer que estiverem, em qualquer rincão de nosso planeta... se lá houver uma loja maçônica... como Lowtons serão recebidos e tratados.

Prestai atenção, senhoras e senhores... nas fisionomias... nos semblantes destes jovens, pois... disto tenho plena convicção e absoluta certeza... que um dia, no futuro, no porvir, na casa do amanhã... os reencontrareis... não mais como meninos ou jovens... mas como homens.

Homens sérios, bons, dignos, virtuosos...

Homens sem vícios... amantes do Bem e da Paz...

Homens comprometidos com a cidadania e a sociedade... com a justiça e as Leis.

E isto... será o nosso prêmio e a nossa recompensa.

– 11 –

Banquete Ritualístico

Satisfazer o apetite
é apenas o pretexto
daqueles que se reúnem... nesta mesa...
para recompor, mais uma vez...
o círculo de afeto
que nos une como amigos e irmãos.

Une-nos... para celebrar... uma vez mais...
nossa missão... perene e imorredoura,
nosso trabalho... fraterno e ordenado,
nossa amizade... valiosa e verdadeira.

Em meio a toalhas brancas... de paz
e ao cintilar discreto de copos e talheres
espelha-se...
o nosso contínuo irmanar-se
com a terra, da qual viemos...
e o Céu, ao qual retornaremos...

"Sobre as mesas...
para aqueles que sabem ver...
uma dupla trindade de símbolos:
a água e o vinho.
O azeite e o vinagre,
o sal e a pimenta...
assentados em pares opostos,
porém complementares...
como companheiros habituais
porém de naturezas contrárias."
Água – com que batizava São João, nosso padroeiro.
Vinho – o sangue de Cristo e dos mártires.

Azeite – o líquido precioso que desce pelos cabelos e pelas barbas dos profetas.
Vinagre – a cura das chagas do samaritano.
Sal – o sabor dos mares e oceanos.
Pimenta – o sabor da mãe-terra.
Desde a mais simples refeição
ao mais lauto banquete...
contribuem... estas seis substâncias...
e os quatro elementos: Terra, Água, Ar e Fogo.
A terra que nos sacia a fome...
a água que nos alivia a sede...
o ar que aviva a chama
o fogo que coze e purifica.
Na grande alquimia da mesa...
seis substâncias e quatro elementos
transmutando-se em um *speculum mundi*...
complementados pelos legumes e verduras,
ofertados pela mãe-terra, trazendo em si as
cores da esperança... e pela sopa casta como
as virtudes... estrelada como o céu... fumegante
como um sacrifício...
e finalmente o pão.
O pão nosso de cada dia... a prece diária que
elevamos ao Criador.

Como é bom reencontrar a beleza das coisas
simples e honestas...
Como é bom, após um ano de trabalho,
estarmos em paz com os homens e com Deus...
Como é bom obedecer a lei, fazer a parte do
trabalho que nos cabe, praticar o bem...
Cada dia de nossas vidas deveria ser assim...
uma serena comunhão entre os homens, que passam...
e o Universo que fica.[11]

---

11. *Texto inspirado no livro* Meu encontro com Deus, *de Giovanni Papini, escritor italiano.*

– 12 –

Sessão Pública[12]

(Esclarecimento, aos profanos, de nossos princípios, ideais e filosofia)

Muitos dos presentes estão tendo hoje seu primeiro contato com a Maçonaria, estão pela primeira vez no interior de um Templo Maçônico... Para estes, como dever de anfitriões, gostaríamos de apresentarmo-nos tentando resumir, em poucas palavras, o que é a Maçonaria.
"Ela é uma instituição Filosófica, Filantrópica, Educativa e Progressista.
É filosófica porque, em seus atos e cerimônias, trata da essência, das propriedades e dos efeitos das causas naturais... investiga as Leis da Natureza e relaciona as primeiras bases da Moral e da Ética. Não admite sofismas, porque o sofisma é um raciocínio falso, formulado com o fim de induzir a erros. Sua filosofia não abriga conclusões absolutas, obrigatórias ou estereotipadas.
É filantrópica porque procura conseguir a felicidade dos homens por meio da elevação espiritual e pela prática da caridade... onde há uma lágrima, ela enxuga; onde há um órfão, ela ampara; onde há um bem, ela o pratica.
É progressista... não crê em dogmas, porque o dogma não é a verdade... combate a ignorância, o fanatismo e a superstição... seu

---

12. *A denominação "sessão branca", usualmente empregada por muitas Lojas, deve ser evitada porque induz a erro os profanos que a ouvem, imaginando que se esta sessão é branca... as outras seriam negras.*

lema: Ciência, Justiça e Trabalho... seus princípios fundamentais: Igualdade, Liberdade e Fraternidade.

A Maçonaria é religiosa, no sentido mais puro e profundo desta palavra, porque reconhece a existência de um único princípio criador... absoluto, supremo e infinito, ao qual dá o nome de Grande Arquiteto do Universo, que é Deus.

Embora religiosa, a Maçonaria não é uma religião, já que admite em seu seio pessoas de todos os credos religiosos, sem nenhuma distinção.

Prega a tolerância, porque sabe desculpar... e faz do perdão uma lei.

Cultiva o amor, porque detesta o ódio...

Enaltece a bondade, porque tem horror à maldade...

A Maçonaria entende que a virtude é a força de fazer o bem, em seu mais amplo sentido...

A Maçonaria, enfim, não é uma sociedade secreta, como se afirma, pela simples razão de ter endereço, ser amplamente conhecida e ter personalidade jurídica própria... ela é, isto sim, uma sociedade iniciática, em que se trabalha pelo melhoramento intelectual, moral, espiritual e social de toda a humanidade...

Em seus vários séculos de existência, a Maçonaria abrigou, em seus quadros, homens do porte de Voltaire, Beethoven, Mozart... militares como Napoleão e Garibaldi... poetas como Lamartine e Victor Hugo... escritores como Mazzini e Espling...

Todos os libertadores da América foram maçons: Washington, nos Estados Unidos; San Martim, na Argentina; Marti, em Cuba; Benito Juarez, no México e Dom Pedro I, no Brasil. Dos grandes personagens de nossa história pátria, muitos também foram maçons: José Bonifácio, Luis Alves de Lima e Silva (Duque de Caxias), Deodoro da Fonseca, Floriano Peixoto, Prudente de Morais, Rui Barbosa e uma infinidade de outros que cansativo se tornaria enumerarmos...

E o que se exige dos maçons?

Em princípio, exige-se amor à Pátria, respeito às leis, conduta digna dentro e fora de seus Templos, crença em Deus, tempo para dedicar-se à pratica da solidariedade humana e da justiça em sua plenitude, amor à verdade e à prática da caridade...

E o que se obtém sendo maçom?

Obtém-se a possibilidade de aprimorar-se espiritualmente, instruir-se e disciplinar-se, em um ambiente fraterno, entre homens que se tratam por Irmãos e que efetivamente constituem uma Irmandade."[13]

---

[13]. *Texto inspirado em artigo, sem autoria, publicado no jornal argentino* Três Pontos, *em 1970.*

QUARTA PARTE

Tempo de Estudos

"Ninguém é tão sábio que nada mais tenha a aprender... nem tão ignorante que nada tenha a ensinar."

autor desconhecido

– 1 –

O Uso da Palavra em Loja

O Grande Arquiteto do Universo concedeu-nos o dom da palavra para que nos entendamos como nossos semelhantes... a palavra, dom divino, portanto, não encerra um fim em si mesma: é antes um meio, um instrumento, uma ferramenta de trabalho a nos auxiliar na execução de nossos objetivos. E, como toda ferramenta, deve ser usada adequadamente, obedecendo a normas e regulamentos. O martelo que constrói, também poderá ferir, se o seu uso for inadequado.

A palavra, dentro da Loja, pertence ao V.M. Ele é o único detentor desta entidade chamada palavra... E ele a concede, nas colunas, por intermédio dos Vigilantes, e no Oriente, diretamente aos Irmãos que dela queiram fazer uso. Mas... assim como ele a concede, também poderá retirá-la com um golpe de malhete, quando julgar necessário... quando um Irmão estiver fazendo mau uso dela, quando o assunto abordado não for pertinente, quando for evidente a intenção de agredir, provocar, polemizar, ironizar...

A palavra poderá também ser retirada quando o Irmão se alonga demais no tema abordado... e não querendo retirá-la abruptamente, o V.M. poderá interromper o Irmão que fala, pedindo-lhe que se apresse, ou que conclua... Vemos este procedimento salutar no Congresso Nacional, nos debates na televisão, nas Lojas que temos visitado.

O ritual, sabiamente, ensina-nos como administrar a palavra... E o ritual deve ser seguido...

Há quatro ocasiões, dentro de uma sessão econômica, em que os Irmãos fazem uso da palavra: na leitura do balaústre, na ordem do dia, no tempo de estudos e nas palavras ao bem da Ordem em geral e do Quadro em particular. Tentaremos analisar, nestes vários segmentos, como deve ser usada a palavra.

Leitura do Balaústre

Aqui quase sempre reina o silêncio... Mas quando houver alguma observação ou correção, ela deve ser concisa. E a discussão, se houver, girará exclusivamente em torno da controvérsia existente.

Ordem do Dia

Os temas aqui apresentados serão designados por ordem do V.M. ao Irmão Secretário, e o Irmão secretário os apresentará. Os Irmãos manifestar-se-ão quando a palavra for para as colunas, exclusivamente sobre o tema apresentado.

Tempo de Estudos

Segundo o ritual, o tempo de estudos contará de exposição e debate (quando for o caso) de um assunto de doutrina ou filosofia, história, simbologia maçônica, ou técnico, científico, ou artístico, de interesse da ordem ou da cultura humana, e será feito pelo V.M. ou pelo Orador, ou ainda por um Irmão previamente designado. É vedado, terminantemente, a exposição e debate de qualquer matéria político-partidária ou religiosa-sectária... Palavras do ritual...
O ritual não especifica a duração do tempo de estudos, mas a tradição manda que ele não exceda 15 minutos... Vemos muitos autores denominarem o tempo de estudos de "O Quarto de Hora de Estudos". Portanto, 15 minutos no máximo.
Não há sanções previstas para quem ultrapassar este tempo, mas a ética e o bom senso devem prevalecer... Se há respeito para com quem fala, deve também haver respeito para com os que ouvem... O discurso tradicional, aquele de longa duração, já foi abolido em todos os meios de comunicação... Nem mesmo o Presidente da República, quando fala à Nação, em cadeia nacional de rádio e televisão, ultrapassa este período de tempo.
Os Irmãos para serem designados no tempo de estudo, deverão inscrever-se com o V.M.
E o V.M., a seu exclusivo critério, aceitará ou não o trabalho apresentado, por julgá-lo adequado ou inadequado, oportuno

ou inoportuno. Mas, se atentarmos para o ritual de aprendiz, o que está escrito é exatamente assim: os trabalhos serão apresentados por um Irmão previamente designado... Não inscrito... mas designado... e é isso que deveríamos fazer. Deveríamos elaborar um "calendário de tempos de estudos" e convocar os aprendizes e companheiros para apresentarem seus trabalhos... e arrisco ir mais longe... deveríamos convocar também os mestres, pois se o trabalho dos aprendizes e dos companheiros tem como finalidade dar oportunidade de demonstração do que foi aprendido, o trabalho dos mestres tem outra finalidade... ou seja... a de orientar, esclarecer e aprimorar os conhecimentos de todos os Irmãos.

Para os Irmãos aprendizes, eu daria um conselho: o primeiro artigo da boa oratória recomenda que não falemos das coisas que nos interessam, mas daquelas que interessam a quem nos ouve. Ainda para os Irmãos Aprendizes, eu diria: a palavra é prata... o silêncio é ouro.

PALAVRAS A BEM DA ORDEM E DO QUADRO

Este espaço não é um novo tempo de estudos. São palavras a bem da Ordem e do Quadro... palavras... não discursos.
Aqui há a oportunidade de todos os Irmãos se manifestarem... rapidamente, objetivamente, telegraficamente...
Não é o momento oportuno para respostas... Para isso existe o saco de propostas, onde as mesmas devem ser apresentadas por escrito. Não é o momento para longas explanações. Para isso existe o tempo de estudos.
Então, para que serve?
Serve para que os Irmãos Aprendizes, companheiros e mestres, se manifestem rapidamente sobre sua satisfação ou insatisfação com o rumo imprimido aos trabalhos da Loja. Serve para críticas construtivas e fraternais... sobre os temas abordados durante a sessão... Serve para os cumprimentos, para as pequenas observações, para justificarmos a ausência de um Irmão, comunicarmos que outro adoeceu, e que um terceiro foi homenageado em outra Loja ou no mundo profano... Serve para os elogios...

As palavras a bem da Ordem e do Quadro constituem o segmento que encerra o uso da palavra na sessão. Nessa altura, os Irmãos já estão cansados, e quando um Irmão se prolonga demais, a atenção dispersa-se, perde-se o fio da meada, embaralha-se o raciocínio dos que ouvem, anseia-se pelo silêncio, pelo "conclua-se"...
Bom... eu também já estou sentindo o olhar cansado de meus Irmãos... melhor parar por aqui...

– 2 –

A Decifração dos Símbolos Maçônicos

Gostaríamos que este artigo fosse, repetindo um desejo de Nietzsche, um diálogo, uma provocação, um chamamento, uma evocação...

Ao Aprendiz Maçom, desde o momento em que lhe cai a venda dos olhos, no dia de sua iniciação, a Maçonaria propõe-lhe um enigma e um desafio... o mesmo desafio proposto, desde tempos imemoriais, pela esfinge egípcia do Vale dos Reis: decifra-me ou te devorarei... e este desafio perdurará até que o enigma seja solucionado, até que se encontrem a chave e as respostas adequadas.

Neste Universo povoado de imagens, atos e palavras ritualísticas, onde a simbologia desempenha papel importante e fundamental, o iniciado que não aprofundar sua visão maçônica, que se desinteressar, que rejeitar o desafio proposto, estará apenas passando pela Maçonaria, sem vivenciá-la. Passando em brancas nuvens, como diria o poeta.

O símbolo está enraizado nas estruturas da imaginação humana e, neste sentido, sua origem pode ser encontrada nos arquétipos. Como disse Jung, o símbolo é a melhor expressão possível de um conteúdo inconsciente, unicamente pressentido, mas ainda não reconhecido.

Constituindo-se em criações humanas, os símbolos trazem em seu bojo uma natureza intrínseca, a característica de romper limites preestabelecidos e reunir extremos em uma única visão, permitindo múltiplas interpretações. De acordo com Nicola Aslan, a beleza dos grandes símbolos está na infinita variedade de seus modos de interpretação. Desse modo, o símbolo interage e passa a ter sentido unicamente no receptáculo de uma mente inteligente, dotada de raciocínio e sensibilidade.

É interessante notar que qualquer objeto natural pode vir a transformar-se em símbolo: animais, pedras, flores, números, ritmos, astros, etc., porém as abstrações espirituais (paz, amor, caos, fé, esperança, etc.) jamais poderão constituir-se em símblos... ao contrário, são elementos simbolizantes, ou seja, geradores de símbolos.

Um símbolo escapa a toda e qualquer definição, e as palavras são incapazes de externar todo o seu valor. Mesmo assim, muitos autores cederam à tentação de defini-los, alguns com relativo êxito e beleza:

THOMAS CARLYLE – O símbolo é uma encarnação e uma revelação do infinito, feito para fundir-se no finito, tornando-se assim, visível e tangível.

PAUL NAUDON – O simbolismo é um método de ensino que não tem por objetivo fazer conhecer ou difundir uma verdade, mas sim oferecer elementos e meios para que se possa ter acesso a ela.

GEORGES GURVITHC – Os símbolos revelam velando e velam revelando.

RAGON – um símbolo tem a propriedade de emitir uma mensagem contínua e ininterrupta, assim como uma vela acesa emite uma prece luminosa.

Verifica-se, portanto, a impossibilidade de englobar o símbolo em um único conceito. Sua complexidade exigiria um tratado, como tratados existem, feitos exclusivamente para conceituá-lo. Parafraseando Fernando Pessoa, diríamos: "a decifração dos ícones, rituais e símbolos maçônicos, assim como seu posterior entendimento, exigem do intérprete que a esta tarefa se debruça, como pré-condição básica e essencial, cinco qualidades basilares:

A primeira é a empatia. Não direi a primeira em tempo, mas em grau de simplicidade. É necessário que o intérprete sinta identificação, afinidade e simpatia com aquilo a que se propõe identificar. Quando isto não acontece, é desorientado o fim último a ser alcançado.

A segunda é a intuição. A simpatia pode auxiliá-la, caso ela já exista, porém, não pode criá-la. Por intuição denominamos aquela espécie de entendimento com que se sente o que está oculto no símbolo.

A terceira é a inteligência, que analisa, decompõe, ordena e reconstrói o símbolo em outro nível. Temos, porém, que empregá-la após o uso da simpatia e da intuição. Um dos fins da inteligência é relacionar o que está no alto com o que está embaixo, segundo os preceitos de Hermes Trimegisto... E esta relação somente acontecerá depois que a simpatia a tiver lembrado e a intuição a tiver estabelecido. A inteligência, então, de discursiva que naturalmente é, tornar-se-á analógica, e o símbolo será interpretado, porém, ainda não decifrado.

A quarta é a compreensão, entendendo-se por esta palavra o pleno conhecimento dos complementos que envolvem o símbolo como unidade, relacionando-o com o todo. Aqui, faz-se necessário a erudição, que é uma soma... e a cultura, que é uma síntese.

A quinta é menos definível. A uns será a Iluminação... a outros, a Graça... a terceiros, o Estado Crístico... Entendendo-se cada uma destas coisas, que são a mesma, da maneira como as entendem aqueles que delas usam."[14]

Encerrando, recordemos os poetas e os místicos, responsáveis pela decodificação das imagens oníricas que povoam nossas mentes e que nos mostram a conversão futura destes dois estados de alma... porque além das aparências, buscam a verdade, a alegria, o sentido oculto e sagrado de tudo o que existe neste universo sedutor e envolvente que constitui a Maçonaria... o caminho do porvir.

---

14. Texto inspirado em um ensaio de Fernando Pessoa.

– 3 –

O Tronco da Beneficência

Já se contam dois milênios, desde a vinda a esta insignificante massa planetária, perdida nas espirais nebulosas da Via-Láctea, de um Sublime Peregrino que, vindo de alturas celestiais não assinaladas nos mapas cosmogônicos do humano entendimento, esteve entre nós... E aqui deixou um legado filosófico e espiritual tão justo, tão perfeito, que dois mil anos não foram suficientes para enfraquecê-lo... Contrariando todas as leis humanas, este legado mais e mais se fortificou, mais e mais se atualizou...

Transmitido oralmente pelo Mestre aos seus discípulos, e depois cristalizado, eternizado em quatro testamentos distintos, o legado Dele ensina-nos toda uma filosofia de vida... Preenchendo todo o vácuo espiritual de que éramos portadores...

E, entre todas as revelações sublimes e grandiosas com que fomos brindados, destaco hoje um pequeno fragmento desta perene sabedoria:

– Quando pois, deres esmola – disse o Mestre –, não toques trombetas diante de ti, como fazem os hipócritas, para serem glorificados pelos homens... Em verdade vos digo que eles já receberam sua recompensa... Tu porém, ao dares esmola, ignore a tua mão esquerda o que a direita faz... Para que teu óbulo fique em segredo... E teu Pai, que vê em segredo, te recompense.

Somente vale a vida terrestre pelo bem que fizermos...

Pelo rastro de luz que deixamos após a partida...

Cultuemos, pois, fervorosos, todas as coisas belas e divinas que nos foram ensinadas... Entre elas, a maior de todas... a caridade, para com ela tecermos, na subida, a coroa votiva de nossos sonhos e a legenda imperial de nossas vidas.

A Maçonaria, meus queridos Irmãos, assimilou muito bem essa lição e é-lhe guardiã...

O tronco da beneficência, que a todas as sessões está presente, mostra-nos com eloquência esta verdade.

A discrição maçônica, praticada fora do Templo, na distribuição dos valores arrecadados, dentro do Templo também está presente, seja no anonimato em que o óbulo é recolhido, seja na postura do Irmão Hospitaleiro, que vira o rosto, para não ver quem, e com quanto contribuiu...

Não importa com quanto cada Irmão contribua... As duas moedas do Irmão menos favorecido pela fortuna valem mais do que o polpudo óbulo dos ricos... Examinem isto sob a ótica da proporcionalidade... e verão que tenho razão.

Também aquele Irmão que nada deposita, por nada ter, está contribuindo... E muito...

Se lhe falta o recurso material, mas sobra-lhe o espírito fraterno, ali ele deposita suas energias, seu poder de vontade, suas sutis vibrações espirituais... E elas não se dissiparão, visto que neste mundo nada se perde... Tudo se transforma, segundo as leis imutáveis do Criador.

O tronco da beneficência é o depositário, o cadinho onde se misturam todos os valores... Os materiais, que seguirão o seu curso, favorecendo os pobres, os enfermos, os necessitados... E os espirituais, recolhidos também pelo Irmão Hospitaleiro, difundir-se-ão pelo Templo, qual gigantesca egrégora, que a todos beneficiará.

É nesse silente e sublime momento da sessão maçônica que nós, os obreiros da arte real, imbuídos de sentimentos altruístas, despidos da couraça crocodileana de Zenon, mestre dos estoicos, sensíveis à dor dos mais desafortunados neste vale de lágrimas, rendemo-nos ao chamado, ao convite, ao clamor do Grande Arquiteto do Universo e, transfigurando-se de homens em criaturas angelicais, em um compasso harmônico de alma e coração, voltamos ao cerne de nossa origem divina, que nos conduz à prática desinteressada da caridade e do amor ao próximo...

Despojados, ainda que por breves instantes, de outros sentimentos menos nobres, e no entanto reais, que coabitam a alma humana, damos nossa contribuição...

O tronco circula... Extingue-se a magia que envolveu nossos corações, que nos aproximou da glória de Deus, que nos fez crer, ainda que por um átimo de tempo, ter superado a condição humana...

Saímos de nossa introspecção...
Tudo então volta a ser como dantes...
Voltamos a nos engalfinhar nos problemas mundanos, triviais, insípidos, insignificantes, de nosso dia a dia...
Mas o tronco que passou e que recolheu nossa doação permanece... Pela onisciência e onipresença de Deus, gravado no Livro da Eternidade... Lá, o nosso gesto advogará em nosso favor, no grande dia em que formos julgados... Os vivos e os mortos.
Escuta, meu Irmão... O maior bem que a ti mesmo podes fazer... É fazer bem ao próximo.
E fazer bem ao teu próximo, é amá-lo como a ti mesmo... fechando-se, assim, um círculo perfeito de relações... entre duas criaturas de Deus: aquele que pode... tem... e oferece, e aquele que não pode... não tem... e recebe.
E quando tudo isso tiveres feito, conforme ordena tua consciência e teu Criador, recolhe-te... com humildade... ao mais recôndito de teu ser... repetindo estas palavras:
– Sou servo inútil... pois nada mais fiz além do que deveria fazer.

– 4 –

Em Busca de um Mestre...

O homem é um ser religioso... afirmam-no Pitágoras, Sócrates, Santo Agostinho, entre outros; e o que o diferencia de outras espécies que também habitam este planeta não é a inteligência, que hoje se reconhece também nos primatas, canídeos, paquidermes, baleias e golfinhos... mas a busca espiritual. Todos a temos. O ateu, mesmo negando, também está à procura de uma explicação que o convença... e abraçará por encontrá-la. Poucos são os que se mantêm ateus até o fim de suas vidas. Mesmo em nossa sociedade hedonista, tecnocrata e materialista, não morrem os anseios espirituais... e podemos mesmo afirmar que muitos procuram e almejam encontrar alguém que possa desempenhar o papel de instrutor, guru ou mestre espiritual, alguém suficientemente preparado que possa indicar um rumo... um norte... uma luz.

E teremos a oportunidade de encontrar nosso guia... aquele que nos conduza através das trevas, que nos faça vislumbrar um lampejo de luz?

Não. Infelizmente não todos.

Porque da mesma maneira que procuramos um mestre, ele também está à procura de aprendizes... de aprendizes que preparados estejam; e ninguém o enganará...

Percebendo que ainda não estamos preparados, não aparecerá; aguardará, sem pressa, que o fruto amadureça para que se faça a colheita.

Por outro lado, nós... como poderemos distingui-lo, quando ele se apresentar? Como aquilatar o seu valor e a sua sinceridade?

Só há um meio seguro de não nos deixarmos envolver por um mau mestre... por um falso mestre. Esse meio chama-se preparo. Devemos, portanto, preparar-nos, caso contrário, o mestre poderá até aparecer... estar ao nosso lado... e não o reconheceremos.

Aquele que não sabe o que é um diamante, poderá até tropeçar em um... sem reconhecê-lo.

Paciência, portanto. Se ainda não encontrastes vosso mestre, pergunte-se, primeiro, se o mereceis... se és digno de atrair a atenção de um mestre.

Tão difícil quanto encontrar um bom mestre... é para o mestre encontrar bons discípulos.

Jesus, o Cristo, encontrou apenas 12, e mesmo assim, um o traiu.

Prepara-te, pois...

Pela leitura, pela vivência, pela caridade, pela virtude. Seja puro.

Assim procedendo, certamente encontrarás teu mestre; e mais...

Nesse dia, Deus, o Grande Arquiteto do Universo, também virá... e no silêncio de tua mente e de teu coração, dir-te-á:

– Acolhe-me... pois quero habitar o templo vivo que tu és.

– 5 –

Parábola do Semeador

"Aquele que semeia saiu a semear. E, ao semear, uma parte caiu à beira do caminho, foi pisada e as aves do Céu a comeram. Outra, caiu sobre a pedra e, tendo crescido, secou, por falta de umidade. Outra, caiu no meio dos espinhos; e estes, ao crescerem com ela, a sufocaram. Outra, afinal, caiu em boa terra; cresceu e produziu a cento por um."

Lucas 8: 4-8

Jesus não falava simplesmente...
Jesus *ensinava* falando.

E suas palavras são tão profundas... e contêm tantos ensinamentos... que, sobre elas, podemos refletir horas, desenvolvendo uma variedade infinita de ilações e analogias, deduções e conclusões.

Jesus, portanto, fala-nos... e ensina-nos... em vários níveis de entendimento; e a cada releitura descobrimos... e nos encantamos... com novas verdades e revelações, como demonstra-se nesta sublime parábola...

Um orador pode repeti-la, na íntegra, para seu público... e agradará.

Um bom orador, além de repeti-la, fará comentários adicionais... desvendando algumas verdades que se ocultam nas palavras do Mestre.

Um ótimo orador nos revelará o que se esconde nas entrelinhas... enriquecendo ainda mais sua falta.

Um orador excepcional, como foi o Padre Antonio Vieira (1608-1697), talvez o maior orador de nossa língua, descobrirá tesouros infinitos de sabedoria nas poucas palavras de Jesus.

Aos Irmãos que queiram constatar essa asservativa, aconselho a leitura atenta do *Sermão da sexagésima*, peça oratória de Padre Antonio Vieira, apresentada na capela Real, em 1655, na qual, em 26 laudas, ele nos dá uma verdadeira lição de oratória... assim como de inteligência, de brilho, de fluência, de estilo literário... e que se constitui em paradigma aos que pretendem iniciar-se nas lides oratórias.

Transcrevo, a seguir, com minhas palavras, um texto de oratória, baseado resumidamente em suas palavras... e que é apenas um pálido reflexo do fulgor de Padre Antonio Vieira... reconhecendo também que o próprio texto de Antonio Vieira, embora eivado de virtudes e genialidade, é... por sua vez... um pálido reflexo daquilo que disse o Mestre.

Reflexões sobre a parábola do semeador:

Diz-nos Jesus que: "Aquele que semeia saiu a semear"... em latim: *"Ecce exiit, qui seminat, seminare"*.

Prestem atenção, meus Irmãos:

Jesus não nos fala do semeador... mas, sim, daquele que semeia.

E a diferença entre o semeador... e aquele que semeia... é muito grande.

Semeador é nome, é título, é função. Aquele que semeia é ação, é trabalho... é, acima de tudo, missão.

Ostentar o título de semeador não é importante; importante é o ato de semear... porque tal ato modifica o mundo.

Palavras em atos... sem obras... são palavras ao vento... são letras mortas.

Mas... voltando à parábola:

Notem como Jesus não somente faz menção do "semear" como também faz caso do "sair": "Aquele que semeia saiu a semear", porque para Deus, no dia de nosso julgamento, medir-se-á nossa semeadura... e contar-se-ão nossos passos.

O mundo não paga os passos que andamos, mas com Deus não é assim...

Para Ele, até o sair para semear... e os passos dados em direção ao campo entram como trabalho, em Sua divina contabilidade.

E Jesus não menciona que aquele que semeia voltou... porque sair para semear é divulgar a palavra de Deus... é fazer boas obras... é agir corretamente... e quem o faz, não é bom que volte.

Portanto, ele saiu para semear... mas com pouco êxito, como vimos:
"Uma parte caiu sobre os espinhos... outra, entre as pedras... outra, as aves comeram".
A lição que aqui temos é que o mundo inteiro conspira contra a semeadura:
"Os espinhos (reino vegetal)... as pedras (reino mineral) e os pássaros (reino animal).
Mas como interpretar isso?
A natureza conspira contra Deus?
Não.
Quem conspira são os homens...
Homens brutos como as pedras...
insensíveis como as árvores...
irracionais como os animais...

Quem conspira contra Deus
são os corações humanos:
os espinhos são os corações embaraçados
com riquezas e vaidades...
as pedras são os corações insensíveis,
duros e obstinados...
os pássaros são os corações volúveis,
frívolos e levianos...
E aí... secam-se as palavras de Deus.
Mas uma parte das sementes caiu em solo fértil e multiplicou.
Em latim: *et fecit fructum centuplun*...
Multiplicou por cem, centuplicou.
E houve uma boa colheita.
E isto nos dá grandes esperanças...
porque depois de perder a primeira, a segunda e a terceira parte, aproveitou-se a última.

A terra fértil, a boa terra, a terra onde germinam as sementes... são os corações bons... e neles... frutifica a Palavra Divina, se que colhe cem por um... *et fructum fecit centuplum*.
Eu me contentaria se a palavra de Deus frutificasse um por cento... mas Jesus nos ensina que frutifica cento por um... e aí, outra dúvida surge...

Se a palavra de Deus é tão poderosa, por que não vemos tanto os seus frutos?
Os motivos, aparentemente, podem ser três:
– por uma falha do pregador...
– por uma falha dos que ouvem...
– por uma falha de Deus...
Vamos analisar essas proposições, voltando à nossa parábola:
"Uma parte se perdeu nos espinhos, outra, pelas pedras e a terceira, pelas aves"... isto é o que Jesus nos fala...
Mas, atentemos para aquilo que Ele *não nos fala*...
Ele não nos fala que uma parte se perdeu por causa do sol... ou das chuvas... ou do vento.
Ele não nos fala dos fenômenos naturais e, no entanto, a causa por que normalmente estragam as colheitas é a seca... ou a inundação.
E por que Jesus não nos fala disso?
Porque, meus Irmãos... a chuva e o sol são influências do céu... e as colheitas fracassam por culpa dos homens... e não por culpa de Deus.

Concluindo:
Se a falha não é de Deus... é dos homens.
dos que pregam... porque pregam mal...
e dos que ouvem... porque ouvem mal...

Aqui, em nossas sessões... também isto ocorre.
Todos aqui, vez por outra, pregam a palavra de Deus... desde o V.M. até o mais novo aprendiz em seu primeiro trabalho.
Muito se perde...
E pouco se frutifica...
Porque, muitas vezes, quem fala... fala sem convicção...
E quem ouve... ouve sem atenção.

Mas resta-nos um consolo:

Se apenas um Irmão estiver atento, a palavra nele frutificará... e ele... o bom ouvinte... multiplicará... centuplicará... a palavra ouvida e levará adiante o que aprendeu.

– 6 –

Estrelas

Frequentando uma Loja Maçônica
Aprendemos a conviver com as estrelas...
Aqui... elas estão em toda parte...

Basta olhar para cima... e lá veremos
Aldebarã, Órion, Regulus...
As Plêiades, Antares, Ursa Maior...
Até o nosso inconfundível e querido Cruzeiro do Sul.

No Templo a Estrela Flamígera,
As estrelas que portamos na recepção do Pavilhão Nacional...
Pavilhão Nacional que por sua vez também ostenta estrelas...
E as estrelas que nos guiam... as estrelas do brasão do
G∴O∴B∴

E todas elas não te dizem nada?
Ainda não aprenderam a ouvi-las?
Ouçamo-las... portanto... como nos ensinou Olavo Bilac, o poeta:
"Ouvir estrelas?...

Direis agora tresloucado amigo!
Que conversas com elas? Que sentido?
Tem o que dizem, quando estão contigo?
E eu vos direi; amai para entendê-las!
Pois só quem ama pode ter ouvidos
Capazes de ouvir e entender estrelas".

＝ 7 ＝

Ode a uma Loja

Assim como o dia descortina a Terra, a noite descortina as estrelas do céu.. e no céu, no firmamento maçônico... uma nova estrela surge.
Se os vegetais nascem na frieza do solo e os humanos na dor do parto... as estrelas nascem no infinito... geradas pelas mãos de Deus, o Grande Arquiteto do Universo... e nascem para a eternidade.
Madras[15]... tão nova és... e já tanto te amamos... porque o fim último das estrelas é serem amadas... pelos poetas, pelos sonhadores, pelos idealistas.
Minha querida Loja Madras... na doce inspiração dos profetas e dos poetas antevejo o sonho, os dias gloriosos que já fazem parte do teu amanhã.
Somos uma Loja nova, com o viço das coisas ainda tenras... com o borbulhar intenso da primeira infância... onde a tradição dá lugar à esperança... onde as realizações cedem lugar aos sonhos... onde as promessas valem mais que as realizações.
Se nada, ainda, possuímos... se nada, ainda, acumulamos em bens materiais, sobra-nos, entretanto, a imensa bagagem da força e da disposição para o trabalho... sobra-nos o poder insuperável dos sonhos em seu caminho inexorável para a realidade.
Se ainda não temos louros do passado... sobram-nos os loureiros preparados para o futuro.
Somos a terra fértil, lavrada e pronta para o plantio... e nela, tudo o que for semeado... florescerá e frutificará... e nela semearemos a fraternidade, a sabedoria e a caridade... pois estes serão nossos objetivos.

---

15. Peça de arquitetura declamada na sessão de abertura da A∴R∴L∴S∴ Madras, em 4/2/2002 E.V.

Fraternidade entre os Irmãos desta Loja, fraternidade entre esta Loja e as demais...

Sabedoria como meta... como objetivo... como postura, no engrandecimento da causa maçônica e de seu pujante simbolismo esotérico... o único que pode conduzir à verdade.

E caridade, que entre todas as virtudes, é a maior.

Estes objetivos, prenhes em nossas mentes e em nossos corações, guiar-nos-ão pela seara de nossa vocação maçônica... e constituir-se-ão em ícones para todos aqueles que, no futuro, vierem juntar-se a nós... vierem aqui comungar os mesmos ideais e vivenciar os mesmos anseios.

Certamente guiados pelas mãos do Grande Arquiteto do Universo, que é Deus, encontraremos forças para alcançar tão nobres objetivos e tão elevados ideais.

QUINTA PARTE
O que um Orador deve Saber

Vinte Regras Práticas da Boa Oratória[16]

1. É preferível um discurso curto, com muitas ideias (eficiente, portanto) que um longo, que termina por cansar.
2. Evite o estilo didático, a aridez da exposição e as frases demasiado longas.
3. Entre a excessiva eloquência e a clareza de ideias, prefira sempre a primeira.
4. Nunca fale daquilo que não conheça bem.
5. Estude o quanto possa e procure aumentar seus conhecimentos.
6. Faça anotações.
7. Evite o lugar comum.
8. Evite dizer o que não sente, o que não está no seu coração.
9. Se você confia naquilo que fala, infunde confiança naqueles que o ouvem.
10. Dê ênfase apenas aos pontos mais importantes de sua fala.
11. Evite dizer com arrebatamento o que tem pequeno valor.
12. Nunca inicie um discurso com toda a força. Guarde a ênfase para o final.

---

16. *Extraídas, resumidamente, da obra* COLEÇÃO de ORATÓRIA *de Mário Ferreira dos Santos, Livraria e Editora São Paulo, vol. II, páginas 55 e seguintes*

13. Procure desenvolver ideias próprias, dando um cunho pessoal aos seus pronunciamentos.
14. Não perca o "fio da meada".
15. Sacrifique tudo, menos a clareza.
16. Enriqueça o seu vocabulário, consulte sempre os dicionários.
17. Quando redigir um texto, leia-o em voz alta, diante de um espelho, procurando identificar os sons desagradáveis e as expressões mal formuladas.
18. Antes de falar, elabore mentalmente um "esqueleto" do texto.
19. Troque impressões com pessoas esclarecidas ou especializadas.
20. Tenha autocrítica.

A estas regras, acrescentaríamos mais uma: leia... leia muito... leia tudo que puder. Todos os grandes oradores e escritores foram, acima de tudo, grandes leitores.

Oratória: Teoria e Técnica

Alguns críticos afirmam que a oratória, nos dias atuais, é uma arte em decadência, perdendo cada vez mais o espaço que, no passado, chegou a ocupar nos meios de comunicação e na mídia; na verdade, porém, o que decaiu não foi a oratória... e sim a mídia.

Apreciadores e cultores da arte de bem falar continuam existindo... e continuarão... mas, atualmente, restritos a "bolsões" de intelectualidade, tais como: os meios literários, universitários, políticos e... maçônicos. A palavra é a grande ferramenta do maçom; tão importante ela é em nossa Ordem que seu uso é "disciplinado" pelos rituais, que conferem ao V.M. o poder de concedê-la e até mesmo retirá-la dos obreiros.

Embora o objetivo deste livro não seja a formação técnica de oradores, julgamos oportuno tecer algumas considerações sobre o assunto, ainda que de modo sucinto:

1. No linguajar maçônico, tradicionalmente, denomina-se "peça de arquitetura" o pronunciamento verbal ou escrito que os Irmãos apresentam no "tempo de estudos", bem como os discursos e pronunciamentos do Irmão Orador, assim como também as suas conclusões ao final dos trabalhos.

2. A arte da oratória está assentada sobre o estudo das leis naturais que regulam a linguagem escrita ou falada, ao qual damos o nome de gramática.

3. Eloquência é o dom natural de falar em público.

4. Retórica é a ciência que fornece as regras e os meios de falar corretamente; ela ensina, não a sermos eloquentes (que é o dom e, portanto, inato), mas a falarmos com persuasão, de modo convincente.

5. Um discurso correto possui uma "linha de raciocínio" e uma sequência lógica. Os vários segmentos que o compõem são:

   a) Exórdio: também conhecido como prólogo, em que se introduz a linha de pensamento, externa-se o seu conteúdo e anuncia-se o tema.
   b) Narração: é o corpo do discurso, o seu real conteúdo.
   c) Digressões: são os desvios de rumo e as considerações paralelas ao tema principal.
   d) Provas: é a argumentação que estabelece a verdade e consolida a tese do orador.
   e) Refutação: é o trecho do discurso em que se rebatem os argumentos contrários.
   f) Peroração: também é chamado epílogo; é a parte final do discurso, com as conclusões do orador.

6. Estilo: é a marca do orador, que o identifica e distingue dos demais. No estudo clássico da oratória definem-se três estilos:

   a) Simples: é aquele em que o orador visa, acima de tudo, à clareza e à precisão de sua mensagem, sem dar ênfase à beleza e à elegância do texto. Muito utilizado, na atualidade, por jornalistas, radialistas e apresentadores.
   b) Temperado: estilo intermediário; dele o orador deverá utilizar-se em ocasiões especiais, objetivando dar um brilho maior à sua fala. Na Maçonaria, é o estilo a ser utilizado nas sessões magnas. Exemplo:
   "Temos glórias havidas e temos compromissos com o futuro. Exaltamos os heróis pretéritos. Não declinamos, porém, do dever de participar dos eventos do nosso tempo".

   Presidente Juscelino Kubitschek

   c) Sublime: é aquele discurso para ocasiões nobres e especialíssimas, em que se exigem expressões pomposas, veementes e enérgicas ao qual o orador dará de si o melhor em termos de brilho, harmonia e, principalmente, beleza. Na Maçonaria, este deve ser o estilo empregado nas grandes ocasiões, como, por exemplo: inauguração de Templo, sagração de estandarte, aniversário de fundação da Loja, visita de autoridades maçônicas, etc. Exemplo:

"Em certos períodos, a nação adormece dentro do país. O organismo vegeta; o espírito cai em modorra. Os apetites perseguem os ideais tornando-se dominadores e agressivos.
Não há astros no horizonte nem auriflamas nos campanários.
Não se percebe clamor algum no povo; o eco das nobres vozes animadoras não ressoa.
Todos se apinham em torno das mesas oficiais para alcançar alguma migalha da merenda.
É o clima de mediocridade.
Os Estados tornam-se Mediocracias, que os filólogos inexpressivos prefeririam denominar Mesocracias...
Entra na penumbra o culto à Verdade, a ânsia de admiração, a fé em crenças firmes, a exaltação dos ideais, a abnegação, tudo quanto está no caminho da virtude e da dignidade.
Em um mesmo diapasão temperam-se todos os espíritos".

José Ingenieros

É tão grandiosa a beleza deste estilo que não resistimos ao prazer de apresentar um segundo exemplo:
"Liberdade! Entre tantos que te trazem na boca sem te sentirem no coração, eu posso dar testemunho da tua identidade, definir a expressão do teu nome, vingar a pureza do teu evangelho; porque, no fundo da minha consciência, eu te vejo incessantemente como estrela do fundo obscuro do espaço".

Rui Barbosa

7. **Figuras de linguagem:** são peças importantes no contexto de um bom discurso, mormente naquele de estilo sublime. Seu uso realça as emoções e os sentimentos, dando um toque à oração.

As figuras de linguagem são muitas e o orador deverá conhecê-las todas, buscando-as em um bom livro de gramática ou mesmo em um dicionário. As principais são:

Comparação: "trabalhava como um escravo".
Metáfora: "teu coração é um cofre que guarda segredos".
Hipérbole: "e o mundo te desprezará".
Prosopopeia: "as estrelas exclamam...".
Sinestesia: "sons cheios de luz e perfumes".

Metonímia: "por quatro primaveras ela esperou".
Gradação: "agiu como um nobre... um príncipe... um deus".
Antítese: "tuas mãos pequenas... grandes em bondade e prece".
Paradoxo: "o doce amargor do absinto".
Eufemismo: "e ele faltou com a verdade".
Perífrase: "o rei dos animais rugiu".
Aliteração: "boi bem bravo, baba berrando".
Paronomásia: "traga teu sapato, teu gato, teu retrato...".
Onomatopeia: "o sibilar do vento e o ronco dos motores".
Hipérbato: "quando da lua o reflexo surgir".
Anáfora: "luz do sol... luz da lua... luz das estrelas".
Conversão: "vinhas lenta e pensativa. E lento e pensativo eu vinha".
Ironia: "o bondoso monge era mestre na arte da intriga".
Reticência: "e quem discordar...".
Suspensão: "depois... muito depois... vieram os bandeirantes... ampliando nossas fronteiras".

Nota: graficamente, tanto a reticência como a suspensão, são igualmente representadas por três pontos seguidos (...) embora expressem conceitos diferentes; a reticência é a figura de linguagem que suprime as palavras, deixando-as subentendidas; a suspensão apenas prolonga os espaços entre elas, visando a uma maior ênfase.

8. O discurso de fundo moral, assim como os sermões, são o objetivo de estudos da parenética.

9. A voz: é o sustentáculo físico da oratória e seu meio de expressão. Dizem os oradores experientes que não existem vozes feias, existem apenas vozes maltrabalhadas. Todos nós podemos melhorá-la por meio de regras simples e cuidados essenciais:

   a) Não grite nunca. O grito agride as cordas vocais.
   b) Procure não falar em locais onde houver ruídos fortes, música alta ou sons estridentes.
   c) Evite o uso de bebidas muito quentes ou geladas.
   d) Nas horas que precedem um discurso, faça gargarejos, cante com a boca fechada (produzindo ressonância da voz para ativá-la e aquecê-la).

e) Não fale demais, poupe as suas cordas vocais. O homem sábio é aquele que sabe falar e sabe calar.

f) Treine a sua voz, alternando velocidade e altura da fala (é o que os oradores chamam de dançar com a voz. Uma voz bonita deve ter nuances; a voz linear, monocórdica, cansa mais rapidamente a quem ouve).

g) Cultive o hábito de falar corretamente, sem gírias ou expressões chulas.

h) Quando estiveres só, treine... falando como se todos te observassem; e quando todos te observarem, fale como se estivesses a sós.

Artigos da Constituição e do Regulamento Geral da Federação que dizem Respeito Diretamente ao Orador

Constituição do G∴O∴B∴

    Artigo 1 (vide obs. número 2, na página seguinte)
    Artigo 16 – I
    Artigo 19 parágrafo único
    Artigos 94, 95 e 96
    Artigo 117 – VI
    Artigo 120 – III
    Artigo 122 – II

R.G.F. do G∴O∴B∴

    Artigo 10 – § 2º
    Artigo 70 – § 8º
    Artigo 114 – § 2º
    Artigo 116 – § 12º
    Artigo 122 – in totum
    Artigo 196
    Artigo 213 – § 3º
    Artigo 215

Ritual do Primeiro Grau – Aprendiz, R∴E∴A∴A∴

O Tempo de estudos constará de exposição e debate, de um assunto de doutrina ou filosofia, legislação, história, instrução do grau e simbologia maçônica, ou técnico, científico ou artístico, de interesse da Ordem ou da Cultura Humana e será feito pelo Ven∴ Mestre ou pelo Orad∴ ou ainda por um Ir∴ previamente designado.

Manual de Dinâmica Ritualística do Primeiro Grau – R∴E∴A∴A∴

Nas sessões Magnas, a saudação do Pavilhão Nacional é feita pelo Orad∴ ou outro Ir∴ previamente designado. A saudação poderá ser a constante no Ritual ou pequena peça de arquitetura alusiva à bandeira, à Pátria e ao amor que os Maçons a ela devotam.

Obs.:
1. Oportuno, foram assinalados alguns artigos de textos legais e rituais que dizem respeito diretamente à oratória, embora deva o Irmão Orador a todos conhecer... e conhecer em profundidade; os textos legais maçônicos serão os livros de cabeceira do Orador que preze sua função e queira exercê-la competentemente.

2. No cerimonial de iniciação, o V.M. determina ao Irmão Orador que faça a leitura da declaração de princípios da Maçonaria Universal, para que o Cand∴ deles tome conhecimento, que é o artigo 1º da Constituição do G∴O∴B∴

Sexta Parte
"Pensamentos"

*Os pensamentos geram as palavras,
  e estas geram a ação.*

O Autor

Pensamentos

É legítimo e válido que o orador faça uso, em seus pronunciamentos e discursos, de citações dos grandes mestres, sejam eles literatos, filósofos, poetas, místicos ou estadistas.
A citação de um grande pensador valorizará as palavras do orador, dando maior credibilidade e beleza ao seu discurso.
Muitas vezes, também, a simples leitura de um provérbio ou de um "pensamento" dará ao orador a inspiração necessária para o desenvolvimento de um tema ou para o arremate de suas conclusões.
Apresentamos, no final desta obra, uma pequena coletânea de aforismos, provérbios, pensamentos e citações de grandes mestres, relacionada e condizente com os principais temas que usualmente se debatem nas lojas maçônicas; que possa o orador servir-se deste manancial de sabedoria para melhor cumprir a sua missão, contribuindo para o entendimento, a fraternidade e a concórdia de todos os maçons.

Amizade

Quando o meu amigo ri, é a ele que cabe dizer-me o motivo de sua alegria; quando chora, cabe a mim descobrir a causa de sua tristeza. (Desmahis)
O amigo de todos não é amigo de ninguém. (Bourdalque)
Cada virtude requer apenas um homem; a amizade requer dois. (La Bruyère)

Analfabetos

Verdadeiramente analfabetos são os que aprenderam a ler... e não leem. (Mário Quintana)

Ateísmo

O ateu procura persuadir os outros para convencer a si mesmo. (Bacon)

Beleza

Beleza é tudo aquilo que agrada desinteressadamente. (Kant)
O império da beleza não conhece rebeldes. (Ségur)
A verdade para na inteligência; a beleza chega ao coração. (Lacordaire)
... e vê que a vida, afinal, é bela...
é louca e bela, e a beleza...
é a mais generosa das verdades. (Raul de Leoni)

Bem

Se fazes o bem para que te agradeçam, és negociante e não benfeitor. (Quevedo)
As almas vulgares, recebido um benefício, sentem logo a necessidade de esquecer; as almas generosas, de retribuir. (Mantegazza)

Bom senso

O trabalho produz a riqueza; o bom senso conserva-a. (Smiles)
O bom senso é o guardião da alma; não deixa entrar nem sair ideias suspeitas. (Daumon)

Caráter

O talento forja-se na solidão; o caráter, no convívio social. (Goethe)

Caridade

Mais faz quem pede para dar do que quem dá o que tem. (Padre Antonio Vieira)
A caridade, como o orvalho do céu, cai sobre a alma de quem recebe e de quem pratica. (Canéte)

Consciência

As paixões são a voz do corpo; a consciência é a voz da alma. (Victor Hugo)
A consciência avisa-nos como amiga antes de julgar-nos como juíza. (Stanislas)

Conselhos

Pedimos conselhos, mas, na verdade, queremos aprovação. (Colton)
São poucos os que pedem e muitos os que oferecem. (Francisco M. de Mello)

Crianças

O que fazemos hoje às crianças é o que elas irão fazer amanhã com o mundo. (K. Mannhein)
Quando vejo uma criança, ela me inspira dois sentimentos: ternura pelo que ela é e respeito pelo que pode vir a ser. (J. Piaget)

Críticas

Há críticas que honram mais que os elogios. (Perier)

Defeitos

Lutamos contra os defeitos que nos fazem sofrer e afagamos aqueles que fazem sofrer os outros. (C. Silva)

Desgraças

Quando as desgraças baterem à tua porta, muda-te. (Rui Barbosa)

Deus

O Universo prova a existência de Deus assim como o relógio prova a existência do relojoeiro. (Voltaire)

Dever

No dever está a limitação do direito. (V. Balaguer)
Todos concebem claramente o direito e o dever: o direito para si e o dever para os outros. (Valtour)
O primeiro dever do soldado não é morrer pela pátria: é tentar fazer com que o soldado inimigo morra pela pátria dele. (Goldberg)

Direitos

Direitos não se mendigam, não se pedem... direitos arrebatam-se. (José Martí)

Esmola

O que é a esmola? Nada... para quem dá, muito... para quem recebe, tudo... para Deus. (Coelho Neto)

O pobre, a quem damos esmola, muitas vezes deveria agradecê-la àqueles que nos observam. (L. Chardonne)

Esperança

A esperança é o sonho do homem acordado. (Aristóteles)

Favorecimento

Tudo é grande no templo do favorecimento, exceto as portas, tão baixas que por elas apenas se entra rastejando. (Lewis)

Felicidade

Sejamos bons e depois seremos felizes; não se pode querer o prêmio antes da vitória nem o salário antes do trabalho. (J. J. Rousseau)

Ser feliz, eis o primeiro pensamento do homem comum; fazer os outros felizes, eis o primeiro pensamento do homem virtuoso. (Mantegazza)

A verdadeira felicidade custa pouco; se for cara, não é de boa qualidade. (Chateaubriand)

Quereis saber o segredo da minha felicidade? É simples: aceito o que a vida me dá e resigno-me com o que ela me tira. (Carlos B. Conte)

Generosidade

Uns repartem o que é seu e ficam mais ricos; outros arrebatam o que não é seu e sempre ficam mais pobres. (Salomão)

É mais fácil ser generoso que ser justo. (Doudan)

Governo

A finalidade dos governos não é dar vantagens aos governantes, mas sim aos governados. (Sidney Smith)

Não há governo de muitos... que possa muito durar." (Diogo de Tovar)

Guerra

Vale mais um exército de ovelhas comandadas por um leão do que um exército de leões comandado por uma ovelha. (Damião de Goes)

As guerras durarão enquanto os homens forem tolos o bastante para admirar e aplaudir aqueles que os conduzem à morte. (Barthelemy)

Malditas as guerras que não sejam em defesa da pátria e que apenas sirvam à vaidade do conquistador. (Chateaubriand)

Hábito

As algemas do hábito são, geralmente, fracas demais para serem percebidas, até o momento em que se tornam fortes demais para serem quebradas. (Johnson)

Heroísmo

Basta um herói entre mil escravos para que todos se libertem. (De Lartigue)

História

História... espelho do passado... folhas do Livro Eterno... desdobradas aos olhos dos mortais. (Gonçalves Dias)

Homens

Todos os homens pequenos, juntos, não chegariam a formar um grande homem. (Carlos Drummond de Andrade)

O homem vale mais pela profundidade de suas perguntas que pela grandeza de suas respostas. (André Malraux)

Quando os homens que mandam perdem a vergonha, os que obedecem perdem o respeito. (provérbio russo)

A terra possui recursos para suprir a necessidade de todos os homens, mas não para a voracidade de todos eles. (Mahatma Gandhi)

Quereis saber o que vale um homem? Prestai atenção em como ele se relaciona com seus subalternos. (Pécaut)

Quereis conhecer as qualidades que faltam a um homem? Prestai atenção nas qualidades das quais ele se envaidece. (Ségur)

Homenagens
O homem virtuoso dispensa-as; o vaidoso divulga-as. (L. de Meilhan)

Honrarias
O homem deve almejar a honra, não as honrarias. (Guicciardinni)

Ignorância
Não há arrogância maior do que a do ignorante que se julga sábio. (Malheiro Dias)

Injustiça
As vítimas da injustiça devem consolar-se, pois a verdadeira desgraça é praticá-la. (Pitágoras)

Inveja
Aquele que se queixa de que outros o invejam, acredita ter méritos suficientes para provocá-la. (Sedaine)

Jogo
De todas as desgraças que penetram no homem pela algibeira e arruinam o caráter pela fortuna, a mais grave é, sem dúvida nenhuma, o jogo. (Rui Barbosa)

Justiça
A justiça que tarda, mesmo que venha, já é uma injustiça. (La Bruyère)

Lágrimas
Somente os corações puros conseguem entender a linguagem das lágrimas. (Solrac Etnoc)

Lei
Que a lei seja clara, uniforme, precisa, pois interpretá-la é, quase sempre, distorcê-la. (Voltaire)
A lei, não o homem, deve governar. (Fenelon)

Quando visito um país, antes de conhecer suas leis, procuro saber se realmente as executam. (Montesquieu)

LIBERDADE

A liberdade não consiste em fazer o que se quer, mas em fazer o que se deve. (Campoamor)

A liberdade sempre será defendida com discursos e atacada com metralhadoras. (Carlos Drummond de Andrade)

MALEDICÊNCIA

A língua não tem ossos, porém quebra-os. (provérbio russo)

MENTIRA

Bebe-se a largos sorvos a mentira que nos lisonjeia e gota a gota a verdade que nos é amarga. (J. J. Rousseau)

MÉRITO

Não devemos julgar o mérito de um homem pelas suas qualidades, mas sim pelo uso que delas faz. (La Rochefoucald)

MESTRE

Não é bom mestre aquele que foi mau aprendiz. (Solrac Etnoc)

MISTÉRIO

O mistério não é um muro onde a inteligência esbarra, mas um oceano... onde ela mergulha. (Gustave Thibon)

MUNDO

Livros não mudam o mundo; quem muda o mundo são as pessoas; os livros apenas mudam as pessoas. (Caio Gracco)

Só depois que a última árvore for derrubada, o último peixe for morto e o último rio for envenenado vocês irão perceber que dinheiro não se come. (Cacique Seatle)

NOBREZA

Não sei quem foi meu avô; tenho muito mais interesse em saber quem será meu neto. (Abraham Lincoln)

ÓCIO
O ócio caminha tão lentamente que a pobreza logo o alcança. (B. Franklin)

OLHOS
Os lábios mentem, os olhos não. (M. Sommery)
Os olhos são as janelas da alma; o olhar... é a luz do espírito (Correia de Oliveira)

OPINIÃO PÚBLICA
O fraco treme diante da opinião pública, o louco afronta-a, o sábio julga-a, o homem hábil dirige-a. (Roland)

OPOSIÇÃO
Quem é violento na oposição será tirânico no poder. (E. F. Giron)

PAIXÕES
Não podemos evitar as paixões, mas podemos vencê-las. (Sêneca)

PÁTRIA
Ninguém ama a Pátria porque ela é grande, mas porque ela é sua. (Sêneca)

PAZ
Vive segura a paz e vive firme onde bem se manda e bem se obedece. (E. Setanyt)

PENSAMENTO
Quem não quer pensar é um fanático, quem não pode pensar é um estúpido, quem não ousa pensar é um covarde. (Bacon)

PERDÃO
Perdoa muitas vezes aos outros, nunca a ti mesmo. (P. Syrot)

PERFEIÇÃO
Quanto mais alguém se aproxima da perfeição, menos a exige nos outros. (Petit-Senn)

Poder

Seguro está no poder quem o poder exerce com moderação. (Valério Maximo)

Progresso

A mão esquerda do progresso é a força, a mão direita é a inteligência. (Victor Hugo)

Promessas

Algumas pessoas gastam tanto tempo em fazer promessas que lhes falta tempo para cumpri-las. (Camões)

Recompensas

É mais belo merecer recompensas sem recebê-las do que recebê-las sem merecê-las. (Cervantes)

Revolução

As revoluções começam pela palavra e terminam sempre pela espada. (Marat)

Nas revoluções há duas espécies de homens: os que fazem... e os que dela se aproveitam. (Napoleão Bonaparte)

Ridículo

Não sei quem é mais ridículo: aquele que afirma o que ignora ou aquele que pergunta o que já sabe. (Rojas)

Sabedoria

Se você quer conhecer o vento... observe o movimento da areia. (provérbio árabe)

O sábio busca a sabedoria; o tolo julga que a encontrou. (Napoleão Bonaparte)

Uma só semente contém mil florestas. (Raphael Waldo)

Sociedades

Não há homens prepotentes; há sociedades covardes. A prepotência é antes uma fraqueza coletiva que uma expressão de força individual. (Correia Umni)

Tentativas

Aquele que tentou e não conseguiu é superior àquele que nada tentou. (T. A. Edson)

Tirania

Não são os tiranos que fazem os escravos, são os escravos que fazem os tiranos. (Charles Ducles)

Tolerância

Quem tolera o intolerante não é tolerante. (Maeterlinck)

Trabalho

O trabalho nos afasta de três grandes males: o tédio, o vício e a pobreza. (Voltaire)
Transportai um punhado de terra todos os dias e tereis uma montanha. (Confúcio)
Deus não condenou o homem ao trabalho; condenou-o à vida, dando-lhe o trabalho como atenuante. (E. Legouvè)

Velas

Há velas que iluminam tudo... menos o próprio castiçal. (F. Hebbel)

Verdade

Dizer a verdade é tão difícil quanto querer ocultá-la. (B. Gracién)
Não vos curveis senão para incensar a verdade. (Alfieri)
O dia em que saíres para proclamar a verdade não vistas a tua melhor roupa. (provérbio belga)
Convém sempre saber a verdade, mas nem sempre é prudente dizê-la a todos. (Palissot)
Quando a verdade fala em mim, sou invencível. (Mahatma Gandhi)

Vergonha

A vergonha não está no castigo, está no crime. (Corneille)

Vício

A indulgência com o vício é uma conspiração contra a virtude. (Bartelemy)

Um só vício destrói muitas virtudes. (Saurin)

O vício é mais visível que a virtude, porque o vício é vaidoso e a virtude, modesta. (Nocedal)

Vida

A vida é uma lâmpada acesa: vidro e fogo... vidro que com um sopro se faz; fogo que com um sopro se apaga. (Padre Antonio Vieira)

Violência

Onde não houver escolha senão entre a covardia e a violência, aconselharei a violência. (Mahatma Gandhi)

Virtude

Mais curto é o caminho que vai da virtude ao vício que o caminho que vai do vício à virtude. (Sêneca)

O homem torna-se virtuoso por três caminhos: o mais nobre é o da reflexão; o mais fácil é o da imitação; e o mais amargo é o da experiência. (Descuret)

No trabalho, e não na sua recompensa, está a virtude. (Milnes)

Se não custasse ser virtuoso, que mérito haveria em sê-lo? (Sêneca)

Voracidade

A terra possui o suficiente para a necessidade de todos os homens, mas não para a voracidade de alguns. (Mahatma Gandhi)

Vitória[17]

O que as vitórias têm de ruim é que elas não são definitivas. O que as derrotas têm de bom é que elas não são definitivas. (J. Saramago)

---

17. *N. do A.: A ordem alfabética das duas últimas citações foi propositadamente invertida.*

Sétima Parte

*Apêndice: Temas para Debates
e Reflexões em Loja*

Neste apêndice apresentamos uma série de artigos e comentários publicados pelo autor em diversos jornais e revistas maçônicas, no período compreendido entre os anos de 2003 e 2006, no qual são abordados temas polêmicos, controversos e/ou reflexivos a respeito da Arte Real. Sua leitura em Loja, quando bem conduzida pelo Irmão Orador, será útil no sentido de propiciar debates, questionamentos construtivos e possíveis soluções a respeito dos temas apresentados.

A Mulher na Maçonaria

Tenho ouvido, não poucas vezes, ao longo de meus dez anos de Maçonaria, a pergunta mais embaraçosa que um maçom pode ouvir: por que a mulher não participa da Maçonaria? E não adianta tentar responder dizendo que ela pode nos auxiliar, principalmente na parte social e beneficente da Loja, etc.
 Também, não poucas vezes, meus ouvidos doeram com as mais disparatadas e absurdas respostas que ouvi da boca de alguns Irmãos:
 – "Porque se admitíssemos mulheres, teríamos de admitir as nossas cunhadas e elas teriam que se submeter a sindicâncias e como ficaríamos nós, se porventura nossas esposas fossem reprovadas?"
 – "Porque a convivência entre homens e mulheres no interior dos templos geraria predileções, ciúmes, fomentaria romances, exaltaria vaidades ou coisas piores, as quais sequer atrevo-me a repeti-las."
 – "Porque elas menstruam e...(pasmem!) o sangue atrairia vampiros astrais."
 – "Porque seria indecoroso introduzi-las no Templo no dia da iniciação".
 – "Porque elas não sabem guardar segredos."
 Estou plenamente consciente de que nem todos Irmãos pensam assim e que a maioria não se manifesta dessa maneira, porém pergunto: por que não explicar de uma vez por todas que são os nossos *landmarks* que as impedem de ingressar na Ordem e que eles se constituem em obstáculos intransponíveis? Por que não explicar a elas que mulher ingressa sim na Maçonaria (mas não na nossa). E que há uma Maçonaria mista e uma Maçonaria feminina? Para aqueles que argumentam que nós não reconhecemos tais Ordens como maçônicas, por que não retrucar dizendo: "E daí? Para elas isto teria tanta importância assim?".
 Minha esposa não é maçona. Não é porque não quer, pois essa não é a sua vontade ou vocação; se fosse, qual seria o problema?

Guardaríamos, cada qual para si, o segredo de toques, sinais e palavras (que, aposto, seriam idênticos) e viveríamos felizes, ampliando o nosso leque de conversação e de interesses comuns, consolidando ainda mais nosso duradouro relacionamento afetivo e conjugal.

Respeito profundamente nossas leis, os regulamentos e os *Landmarks*, fato que não me impede de sonhar com o dia, ainda em um futuro distante, em que nossas portas irão se abrir para elas, dando um sentido real e uma verdadeira dimensão à existência das duas grandes colunas que adornam os nossos Templos: a da Força e a da Beleza.

Enquanto tudo isso não se concretiza, contento-me em esclarecer que "mulher entra na Maçonaria, mas não na mesma que eu frequento. Infelizmente."

Retórica

Conta-se que o dr. J.Tiller, um dos mais notáveis advogados da Londres do século XIX, gabava-se de jamais ter perdido uma causa sequer durante sua longa e brilhante carreira.

Ora atuando na acusação, ora na defesa, o poder de sua retórica era tal, que, com a força de sua eloquência e persuasão, nos últimos anos de sua existência comparecia ao tribunal do júri na última hora e, com uma simples "vista de olhos" nos autos e o auxílio de uma assistente, inteirava-se rapidamente do teor do processo e punha-se à luta. O brilho de suas palavras, a força de seus argumentos e a lógica de seu raciocínio hipnotizavam todos: público, jurados e testemunhas.

Conta-se também que, um dia, em uma dessas célebres sessões, após expor durante três quartos de hora a sua empolgante tese de defesa, sua assistente se aproximou dele discretamente e, fingindo entregar-lhe um documento, sussurrou ao seu ouvido:

– "Dr. Tiller, o senhor está defendendo a pessoa errada; o seu cliente é a parte contrária!

E ele, sem se perturbar, continuou a sua peroração em alto e bom tom:

– "Tudo isto que acabei de falar, senhoras e senhores, é o que lhes dirá o meu oponente, o advogado de defesa deste criminoso hediondo que não merece outra pena senão a morte; mas a tudo isso eu contra-argumentarei, provando de forma clara e insofismável a sua culpa, o seu dolo, a sua intenção homicida premeditada.

E até hoje, quando vejo e ouço um político, um palestrante, um orador, defendendo ou atacando com veemência uma causa, levando seu público às lágrimas ou ao delírio, pergunto-me:

– "Não será este um novo dr. Tiller?".

Ao Mais Digno

O Grande Oriente do Brasil nasceu de uma forma gloriosa. Em 1815, deu-se a fundação da Loja Maçônica Comércio e Artes, que funcionou até 1818, quando foi fechada por uma ordem imperial que proibia a existência de Sociedades Secretas no país. No entanto, reergueu suas colunas, em 1821, adotando o nome de Comércio e Artes na Idade do Ouro, iniciando somente homens comprometidos com os ideais de independência pátria.

Um ano depois, em 1822, relata-se que ela cresceu tanto que exigiu um desdobramento em três Lojas distintas: "Comércio e Artes", "Esperança de Niterói" e "União e Tranquilidade".

Os Irmãos foram distribuídos entre as três Lojas por sorteio.

Encerro aqui a descrição histórica e me entrego a uma reflexão: bons tempos aqueles em que as Lojas cresciam por desdobramento e sorteio. Hoje, elas crescem, dividem-se e multiplicam-se movidas por brigas internas, disputas de cargos, acirramento de vaidades.

Conheço poucas Lojas, dentre as recentemente fundadas, que surgiram por "desdobramento", crescimento excessivo ou simplesmente impulsionadas por ideais novos.

A grande maioria nasce sob o signo da discórdia, geralmente em períodos eleitorais. É bom recordar que, nesses momentos de discórdia e tensão, forma-se uma egrégora muito forte, muito negativa, muito maléfica, que acompanhará por vários anos os grupos dissidentes; em alguns casos, acompanhará para sempre.

Para evitar tais disputas e contendas, muitas Lojas estabelecem uma longa "linha de sucessão", na qual se pode saber, antecipadamente, quem será o V∴M∴ nos próximos dez anos: no próximo mandato assumirá o 1º Vigilante, depois o Segundo, depois o Orador e assim sucessivamente. Porém, nem assim a coisa funciona direito.

Sempre que se aproximam as eleições, surge a pergunta fatal: "quem assumirá a direção da Loja?".

Para tal resposta seria bom consultar a grande mestra da vida, a História:

Há trezentos anos antes de Cristo um jovem guerreiro, de nome Alexandre, dominou o mundo, construindo um império que se estendia por toda a Ásia, parte da Europa e da África. No auge de suas conquistas adoeceu repentinamente, acometido por uma forte febre que o levou em poucos dias. Conta-se que em seu leito de morte, quando lhe perguntaram a quem legaria o império, Alexandre Magno respondeu: "ao mais digno". Não mencionou seus filhos nem os tutores destes, menos ainda seus amigos mais próximos. Proferiu simplesmente as palavras mais sábias que alguém, nessas circunstâncias, poderia proferir:

"Ao mais digno".

Na condução do processo sucessório, lembrai-vos disso, Veneráveis Mestres, e fazei com que o voto livre, justo e imparcial de todos os Irmãos da Loja possa apontar, sempre, os caminhos da verdadeira fraternidade.

Aos Novos
Veneráveis Mestres

Junho é o mês em que, tradicionalmente, são instalados os novos Veneráveis Mestres das Lojas; é o mês em que sangue novo começa a fluir nas artérias desse grande organismo que é a Maçonaria; e é também o mês no qual simbolicamente para uns e esotericamente para outros, a Luz começa a prevalecer sobre as trevas. Explico-me:

No hemisfério sul, durante os seis primeiros meses do ano, as noites vão se tornando progressivamente mais longas e os dias, mais curtos. O clímax desse processo cósmico ocorre exatamente no dia em que se comemora o solstício de inverno, que é o dia mais curto do ano e tem, consequentemente, a sua contraparte noturna mais longa. A partir desta data, o processo se inverte e os dias (a Luz) começam a, gradativamente, recuperar sua duração e luminosidade, vencendo a noite e as trevas. Por esse motivo, o solstício de inverno era recebido, na Antiguidade, com festejos e comemorações ritualísticas. Os primeiros cristãos consagraram essa data a São João, o arauto e precursor da Luz.

Seria de bom augúrio, portanto, que as Lojas marcassem a instalação de seus novos Veneráveis Mestres, assim como dos seus respectivos Oficiais eleitos, somente após o dia de São João, o nosso Padroeiro. Aliás, o ideal seria que o Grande Oriente tivesse sido fundado no Brasil não em 17 de junho, mas em seu equivalente solsticial do hemisfério norte, que é aproximadamente 24 de dezembro (solstício de verão), no qual o sol alcança seu máximo esplendor, e que é também dedicado a outro São João. Acrescente-se aqui que a Grande Loja de Londres foi fundada em 24 de junho de 1717, porque tal data no hemisfério norte corresponde ao solstício de verão. Porém, como o passado não pode ser alterado, fiquemos ao menos com o solstício de inverno.

Nada, na Maçonaria, foi incorporado por mero acaso, incluindo-se aí as comemorações solsticiais. Respeitando-as, estaremos harmonizando a Loja (o microcosmo) com um processo maior que se manifesta em nosso sistema planetário (o macrocosmo). Estaremos também entrando em sintonia com uma das mais preciosas leis do Hermetismo, segundo a qual "o que está abaixo é semelhante ao que está acima" ou, traduzindo na linguagem da Arte Real, "o Templo é um Universo e o Universo é um Templo."

Ateus

Um dos mais renomados mestres da literatura e da espiritualidade italianas do século vinte foi, sem dúvida alguma, o erudito escritor Giovanni Papini. Nascido e criado no seio de uma família cujo chefe era ateu convicto, e que assim permaneceu até o último de seus dias na face da terra, o jovem Giovanni também permaneceu ateísta até alcançar a idade adulta quando, então, converteu-se ao Cristianismo e publicou, em forma romanceada e poética, os caminhos de sua conversão, no inesquecível livro *Meu encontro com Deus*. Poderia ter abraçado o Budismo, o Islamismo, o Espiritismo, isto pouca importância tem para nós, Maçons; o importante, sob a ótica da Arte Real, foi o passo que ele deu cruzando a fronteira da caótica e sombria terra do ateísmo para o mundo fulgurante da espiritualidade.

Em uma das mais belas páginas desse livro ele revela os seus primeiros anseios espirituais quando, ao completar seus sete anos de idade, foi matriculado em uma escola pública italiana, na qual o ensino religioso era facultativo aos alunos, dependendo do consentimento de seus pais. Ora, o pai de Giovanni deixou clara e por escrito uma proibição de que seu filho participasse das aulas de religião e, assim, quando soava a hora desses ensinamentos e o sacerdote aproximava-se da porta da sala de aula, o menino era convidado a sair da classe e, constrangido, permanecer vagando, tediosamente, pelo pátio deserto.

Um certo dia, vencido pela curiosidade, Giovanni aproximou-se sorrateiramente da soleira da porta e, colando a ela os ouvidos, pode escutar a voz daquele misterioso professor que ensinava:

"– Quarto mandamento da lei de Deus: HONRAR PAI E MÃE".

E assim concluiu o insigne escritor, que por vários dias permaneceu com uma pergunta que não queria calar em sua mente:
"– Por que será que meu pai não quer que eu aprenda a honrá-lo".

Bodes

Ao longo de dez anos de vida maçônica, muito tenho ouvido, mas nunca oficialmente, a respeito deste quadrúpede e de suas fantasiosas implicações na Arte Real. Aos profanos cansei de responder que a Maçonaria não sacrifica bodes nem outros animais quadrúpedes, bípedes ou rastejantes, em seus sublimes rituais; todavia, parece que as minhas explicações, por mais convincentes e eloquentes que possam ser, deixam sempre um resto, uma sombra de dúvida aos que me ouvem, talvez porque o folclore é antigo e a crença, arraigada.

Aos meus Irmãos, que conhecem a verdade, também tento convencer de que o bode não faz parte de nossa rica simbologia nem ao menos de nossos usos e costumes tradicionais; aliás, diga-se, faz parte dos usos e costumes de nossos detratores e adversários, da antimaçonaria que intenta nos difamar atribuindo-nos ações e ideias que não temos, como este símbolo espúrio, pejorativo e deselegante do bode.

Chego a sentir um certo desconforto e mal-estar quando, nas conversas de Irmãos nas "rodas" informais, referem-se a alguém que passa e cumprimenta com a nefasta expressão "ele também é bode". Porque fazer uso de uma expressão tão chula? Poderíamos simplesmente afirmar que ele também é maçom" ou, querendo preservar o segredo e manter a discrição, declarar que ele é "Irmão", ou melhor ainda, "ele também é um Iniciado".

Mas o nefasto animal não fica só nas palavras, ele assume a forma em estatuetas de gesso, anéis, distintivos e adesivos para autos.

Urge que os maçons se conscientizem de que este ícone adverso é um gerador de forças negativas; urge que a Maçonaria deixe de ser festiva e exibicionista e volte a sua verdadeira vocação, que é a Política Humana, o Esoterismo e a Filantropia, exercida por homens de comportamento sério e ilibado, como o foram nossos ilustres antecessores que proclamaram independências, depuseram tiranos, modificaram o mundo; urge um retorno aos seus primórdios, quando então a Luz da Verdade irradiava de seus Templos e brilhava nos olhos de cada Iniciado.

Cochilos

O dicionário *Aurélio* informa que cochilar é: dormitar ou dormir levemente. Eu acrescentaria que o cochilo, acompanhado ou não do "ronco", não é necessariamente um ato voluntário, consciente e premeditado; pode até ser, na cama, no sofá, na varanda de nossa casa, no doce aconchego do lar; no entanto, também cochilamos, contra a nossa vontade, no cinema ou no teatro, quando o enredo ou a trama da apresentação é simples demais ou excessivamente complicado; cochilamos em uma palestra ou em uma aula quando o orador se exprime em voz baixa e tom monocórdico ou quando expõe um assunto que não nos interessa, ou ainda demonstrando sabê-lo menos que nós.

O cochilo, enfim, é muito mais o fruto do desinteresse que do cansaço, é mais uma fuga que um deslize.

Posto isto, forçosamente deveremos concluir que erra o orador que critica seus ouvintes que não o ouvem e cochilam. Erra por não admitir, ou sequer imaginar, que quando surge o "cochilador" é porque ele, o orador, não soube cativar a atenção de todos, não soube utilizar os recursos da boa retórica, não soube enriquecer seu pronunciamento com as técnicas de dramatização e de correta expressão corporal.

Portanto, meus Irmãos, não censure aquele que cochila em Loja Aberta; guarde as suas reprimendas àquele que provocou o ato de cochilar.

E como toda regra tem a sua exceção, a exceção a esta é a idade do "cochilador", pois a medicina, a fisiologia e a geriatria são unânimes em afirmar que, nos idosos, o processo do sono sofre pequenas alterações, não patológicas, que propiciam uma certa tendência a pequenos cochilos em horários absolutamente impróprios: solenidades, cerimoniais, missas e rituais maçônicos.

Agora, quando o percentual de "cochiladores" ultrapassa os limites empíricos estabelecidos pela experiência cotidiana, você, meu querido V.M.; você, meu querido Irmão Orador; vocês, meus queridos Irmãos Oficiais, devem apenas diminuir o tom de voz para não acordá-los e, ao fim da sessão, perguntarem a si mesmos:

– "Onde foi que eu errei?".

Crenças e Crendices

"Não combata os monstros tornando-se um deles. Se você olhar dentro do abismo, o abismo olhará dentro de você."

Friedrich Wilhelm Nietzche

Combater a ignorância é um dentre os muitos objetivos da Maçonaria, mas, equivocadamente, muitos maçons despreparados acabam entendendo que combater a ignorância tem o mesmo significado de "combater os ignorantes" e, arrastados por esse erro, acabam declarando guerra via internet, campo de ação de todos os escritores frustrados e covardes, que infelizmente utilizam desse meio para agredir aqueles que pensam de maneira diversa, pelo anonimato, segundo Benard Shaw "O anonimato é o Escudo do Covarde".

É extremamente difícil e complicado taxar alguém de ignorante, até mesmo porque para fazê-lo teríamos de nos colocar na posição de sábios, de "donos da Verdade", o que é impossível, pois até mesmo Sócrates, sábio por excelência, afirmava: o verdadeiro sábio é simplesmente "aquele que sabe que nada sabe".

Eu, particularmente, jamais emprego meu precioso tempo em tentativas inúteis e mesquinhas de combater, taxar ou classificar as opiniões contrárias às minhas; ouço e respeito, quaisquer que elas sejam, com uma salutar dose de tolerância. Aliás, esta é uma das mais belas virtudes maçônicas.

Procuro combater sim a ignorância, mas a minha, e o faço lendo os clássicos, estudando e comparando as mais diversas e variadas correntes do pensamento humano, sejam elas filosóficas, religiosas ou científicas. Além disso, elucido muitas das minhas dúvidas consultando enciclopédias e dicionários. Neles, recentemente, fui buscar o significado de duas importantes palavras, muito utilizadas nos

meios maçônicos, e muitas vezes mal empregadas servindo apenas de sustentáculo a sofismas e falsos silogismos. São elas:
CRENÇA – encontramo-la no 19º Landmark de Albert G. Mackey: a crença no Grande Arquiteto do Universo.
SUPERSTIÇÃO – encontramo-la no art. 1º – II da Constituição do G.O.B∴ a Maçonaria combate a ignorância, a superstição e a tirania.
Pois bem, vejamos como o dicionário *Aurélio* define essas duas palavras:
CRENÇA – fé religiosa.
SUPERSTIÇÃO – crendice.
Inconformado e insatisfeito, vou a busca do significado de crendice:
CRENDICE – crença popular.
Perdido no labirinto dessas palavras, pergunto:
– Qual a diferença entre fé religiosa e crença popular; crença e crendice e crença e superstição? Seria lícito ou correto entender que "crença é tudo aquilo em que eu acredito e crendice é tudo aquilo em que acreditam os que pensam de modo contrário ao meu?".
Ainda confuso, volto à Constituição do G.O.B. e, no art. 1≡ – III encontro finalmente a solução desse enigma:
"A tolerância constitui o princípio cardeal nas relações humanas para que sejam respeitadas as convicções e a dignidade de cada um".
A tolerância é, portanto, como se afirma no Ritual do Grau I do REAA, o respeito pelas crenças religiosas de cada um:
"Ven∴ – Agora, devo também vos prevenir que não imagineis que zombamos das crenças religiosas, qualquer que seja a sua religião".

Alguns, porém, zombam, porém zombar é ato repulsivo, indigno e vil.
Zombaria é um atentado contra a tolerância, a urbanidade e a decência.
Quem zomba é o ignorante, o intolerante e o supersticioso.
E, para mim, o único ignorante é aquele que se acha dono da verdade, o único supersticioso é o idiota que não crê em nada, o único intolerante é aquele que não admite outra crença senão a sua.

A Maçonaria é Elitista?

Elite, segundo o dicionário é o que há de melhor em uma sociedade ou em um grupo. A História nos ensina que determinadas palavras utilizadas para exprimir conceitos elevados e precisos vão, com o passar dos anos, perdendo o seu significado original, corrompendo-se pelo uso errôneo ou equivocado. A palavra *terno* é uma delas: em vestuário, originariamente significava um grupo de três peças: calça, paletó e colete, mas com o tempo, o colete foi caindo em desuso, restando simplesmente a calça e o paletó, ao qual continuamos chamando de *terno*. Outro exemplo: *periferia* significa vizinhança ou proximidade, mas atualmente serve para designar zonas afastadas e marginalizadas dos centros urbanos. De modo idêntico, o termo *elite* vem sofrendo esse mesmo processo de transformação e hoje, graças aos descalabros praticados pelas classes dominantes brasileiras (elites?), possui uma conotação extremamente pejorativa.

Face ao exposto, a Maçonaria, que sempre foi elitista, pois escolhe e convida para ingressar em suas fileiras exclusivamente os melhores cidadãos, os mais virtuosos homens, as mais preclaras consciências, sofre hoje as consequências da deturpação de tão nobre palavra.

Não obstante, meus caríssimos Irmãos, quando vocês cruzarem com algum ignorante e este afirmar, com um certo desdém, que a Maçonaria é elitista, respondam que sim, porém elitistas na mais pura e genuína acepção a palavra. E se o vosso interlocutor não entender, peça a ele que consulte um bom dicionário.

Honra ao V∴M∴ E Glória ao Gr∴ Arq∴ do Universo

Seis da tarde e fim de expediente...
Na doce hora do crepúsculo e da meditação, espreguiço-me em minha cadeira de trabalho, tentando relaxar. Minhas mãos dirigem-se automaticamente, aleatoriamente, à estante de livros e, não por acaso (nada neste mundo acontece por acaso), encontro um velho Ritual de Aprendiz do R∴E∴A∴A∴, gasto, amarelado, do século passado. Observando melhor, percebo que é o Ritual de minha iniciação, datado e assinado pelo meu primeiro V∴M∴ – 25 de Novembro de 1994 E∴V∴.
Abro-o, também aleatoriamente e, na página 32, encontro uma frase gloriosa:
"V∴M∴ – Para que ocupais esse lugar, Ir:. 2º Vig∴?
2º Vig∴ – Para (......................) e chamar os obreiros para o trabalho, a fim de que resulte honra ao V∴M∴ e glória ao Gr∴ Arq:. do Universo."
Engraçado... parece que ultimamente não tenho prestado a devida atenção ao Ritual pois, na abertura dos trabalhos, a tempos não ouço esta frase.
Ainda desconcertado, procuro o novo Ritual, edição de 2004 e encontro, ou melhor, não encontro esse diálogo na íntegra. Leio, nele, simplesmente:
"2º Vig:. – Para (..................) e chamar os obreiros para o trabalho."
Assim, dou-me conta de que a supressão da frase "a fim de que resulte honra ao V∴M∴ e glória ao Gr∴Arq:. do Universo" também não foi por acaso.
Alguém suprimiu-a. Por quê?... com quais intenções?... não sei.
Perguntas incômodas... à exigir respostas que não virão.

A primeira impressão que me dá é que, quem quer que seja que assim o fez, fê-lo intencionalmente. Talvez por entender que, do trabalho dos obreiros não deve resultar honra ao V∴M∴ (discutível, mas não inaceitável) e nem glória ao Gr∴ Arq∴ do Universo (agora sim, inaceitável).

Se algum Irmão tem conhecimento de uma explicação ou de uma justificativa razoável, lógica e coerente, por favor, comunique-me. Caso contrário, permanecerei em minha santa ignorância, mantendo a convicção de que se tramou, nesta supressão vergonhosa, um rebaixamento da espiritualidade maçônica.

Aprendiz não Fala?

O estudo e a interpretação dos Rituais Maçônicos tem gerado, através dos tempos, inúmeros equívocos que se perpetuam no "sempre foi assim", "eu aprendi desse jeito", "na minha Loja é dessa maneira que se faz", e assim por diante...
Uma das mais gritantes injustiças que uma Loja pode fazer com seus Aprendizes é impedi-los de se manifestar livremente. Desde que o façam conveniente e adequadamente, o Irmão Aprendiz tem todo o direito de se manifestar, quer opinando nas questões financeiras da Loja, quer nas deliberações a respeito de eventos sociais, quer na destinação do Tronco de Beneficência, etc.
É lógico que quando se tratar de questões ritualísticas, litúrgicas ou filosóficas o Aprendiz deve permanecer calado, ouvindo os mais experientes e os que têm graus superiores ao seu; e o seu silêncio, entretanto, será fruto do bom senso e nunca de uma imposição, pois afinal, ele está aprendendo e o processo de aprendizado se realiza mais pelos olhos e ouvidos que pela boca.
O Aprendiz efetivamente interessado em aprender questiona, indaga, cobra de seus instrutores as instruções a que faz jus; considera-as o seu alimento espiritual, o seu verdadeiro salário (que, em última análise, não é a promoção de grau, mas sim o progresso real na senda maçônica).
Acrescente-se, ainda, que, além dos motivos supramencionados, há mais um, e este é extremamente importante: o Aprendiz deve ser encorajado e estimulado a fazer uso da palavra em Loja, porque a Maçonaria é, também, uma escola de líderes, de formadores de opinião, de construtores sociais e é através do processo da fala que se desenvolve o poder de comunicação, a desenvoltura e a elegância na arte da retórica, da eloquência e da persuasão. A desinibição é o primeiro e o mais importante passo na socialização, na integração de um indivíduo ao grupo a que pertence e na plenitude da fraternidade

que deve reinar entre os Irmãos; é, também, o requisito fundamental dos grandes oradores maçônicos e/ou profanos.

E para aqueles que argumentam em sentido contrário, eu pergunto:
– Onde está escrito que Aprendiz não deve falar, não deve se manifestar na Loja?
– Qual o artigo ou parágrafo de nossas leis que consta tal proibição?

E acrescento:
Se o Irmão Aprendiz devesse permanecer calado, a palavra não seria concedida nas colunas pelos Vigilantes a QUALQUER dos Irmãos que dela queiram fazer uso.

Obs.: Este texto originariamente foi direcionado aos Irmãos de uma loja do R.E.A.A.

Lacrar o Tr∴

É prática comum nas sessões maçônicas o Ven∴ determinar ao Ir∴ Hosp∴ que lacre o Tr∴ de Benef∴ quando se encontram presentes IIr∴ VVisit∴.

Tal procedimento, contudo, fere a Parte II (EXPLICAÇÕES) do Ritual do 1º Grau – Aprendiz do R∴E∴A∴A∴ que, em suas PRELIMINARES (página 3), veda a inclusão de palavras ou atos que não constem do próprio Ritual. Assim sendo, se consultarmos o segmento da Ritualística que diz respeito a esse assunto, constataremos que o Ven∴ determina ao Ir∴ Hosp∴ que se dirija à mesa do Tes∴ e com ele confira o produto do Tr∴ de Benef∴.. O Tes∴, por sua vez, deve anunciá-lo em voz alta no momento oportuno.

Percebam que em instante algum o Ritual menciona a "lacração" do referido Tr∴..

E o que é pior, assistimos, na maioria das vezes, o Ven∴ declarar que assim o faz "em respeito aos IIr∴ VVisit∴.".

Acerca disso, é necessário tecer algumas considerações:

1. Tal procedimento é ilegal, pois vai contra o que determina o Ritual.

2. Tal procedimento é antiético, pois IIr∴ Visit:. não são profanos nem IIr∴ de segunda categoria, e tem o mesmo direito que os IIr∴ do Quadr∴ de saber o produto do Tr∴ para o qual também contribuíram.

3. Se o Ven∴ tomar tal atitude, por "prever" que o produto do Tr∴ será "minguado", ele será conivente com os IIr∴ do Quadr∴ que, em última instância, são os responsáveis pelos baixos valores arrecadados.

4. Se, ao contrário, o Ven∴ sempre determinar o que o Ritual prevê, ao cabo de algumas sessões (e de alguns constrangimentos) os IIr∴ certamente acabarão por se tornar mais generosos.

Conclusões: 1ª – Não adianta tapar o sol com uma peneira.
2ª – Não adianta esconder a sujeira debaixo do tapete.
3ª – É melhor se ater a uma Verdade que momentaneamente humilha do que se ater a uma mentira que perpetua um procedimento falho e que gera consequências nefastas para a tão decantada Filantropia Maçônica.

Maçonaria X Igreja(S)

É uma antiga e polêmica questão que atravessa os séculos. De tão velha, tornou-se lendária, exacerbando-se umas vezes, outras assumindo proporções menores que o seu real significado, porém sempre presente em nossas conversas, reuniões, encontros e congressos. No imaginário de muitos maçons e de muitos sacerdotes é a própria essência do dualismo, da eterna luta entre o bem e o mal, entre a luz e as trevas. Exageros à parte, a discordância entre o Clero e a Arte Real não encontra suas raízes na Inquisição, nas intrigas palacianas das cortes medievais, na suposta "ignorância" da Santa Sé, que vê nossos augustos mistérios como cultos diabólicos e coisas do capeta, etc.

Na verdade, o problema é bem mais simples e reside em informações desencontradas e equivocadas de ambos os lados.

Ninguém, hoje em dia, em sã consciência afirmaria que o Clero possa ser tão desinformado a ponto de ignorar quem somos, o que fazemos, quais os princípios filosóficos, morais e éticos que norteiam nossas atividades, até mesmo porquê há uma vasta literatura, séria, disponível no mercado editorial. Além, é claro, da internet, das revistas e dos jornais. Se há, ainda, sacerdotes retrógrados afirmando que "Maçonaria é coisa das trevas", certamente são aqueles que se situam na periferia (ou na contramão) da Era Digital e se constituem em minorias insignificantes, incapazes, portanto, de agirem como porta-vozes da Igreja ou sequer de suas "comunidades locais".

Os maçons, por outro lado, também estão, muitas vezes, desinformados ou mal-informados, buscando o entendimento dessa questão arcaica em antigas encíclicas, documentos e depoimentos de tempos passados.

A grande divergência que há entre a Igreja e a Maçonaria é, mais que uma simples pendenga, um obstáculo intransponível, alicerçado em suas diferenças básicas e ideológicas: A Igreja, ou melhor, as

Igrejas, conclamam seus fiéis a reunirem-se unicamente entre si (o rebanho). A Maçonaria, ao contrário, quer reunidos todos os homens livres e de bons costumes, independentemente de suas crenças. Intransponível, portanto, o obstáculo. E ponto final.

Maçonaria e Democracia

A Maçonaria é, atualmente, a maior e mais poderosa sociedade iniciática do planeta e o número de seus membros, assim como a quantidade de seus Templos, tem crescido vertiginosamente nas últimas décadas. Esse crescimento e essa expansão têm sido maior e mais significativo nos países democráticos, notadamente naqueles que pertencem ao primeiro mundo ou estão nele prestes a ingressar (países emergentes, como é o caso do Brasil); esse fato justifica-se por inumeráveis motivos, dentre os quais poderíamos destacar três:

1. A democracia representa para os maçons – que sempre combateram o despotismo, o absolutismo e a tirania –, a melhor forma de governo; o sistema democrático, apesar de suas muitas imperfeições, falhas e defeitos, ainda é o melhor campo para se cultivar a liberdade, e esta é um dos pilares básicos da Maçonaria; liberdade, por sua vez, pressupõe igualdade, porque ambas se opõem à escravidão, à submissão, ao totalitarismo; e o corolário dessas duas é a fraternidade, ou seja, o reconhecimento de que todos os homens são irmãos por serem semelhantes entre si e criados à imagem e semelhança de um Ser Supremo, ao qual a Maçonaria dá o nome de Grande Arquiteto do Universo, sendo que tal nome tem a virtude de impedir qualquer personificação dessa Verdade que se deseja exprimir e que, quando personificada sob o rótulo religioso fundamentalista, induz seus seguidores a uma fé cega, dogmática, irracional, excludente e fanática.

Observe o leitor que no parágrafo acima estão contidas as três palavras mais importantes da Maçonaria, aquelas que constituem a sua tríade, seu lema e divisa, exprimindo e sintetizando os principais objetivos e ideais de todo maçom: Liberdade, Igualdade e Fraternidade.

Observe, também, que a Maçonaria não é ateísta, pois não nega a existência de um Supremo Criador e, consequentemente, a existência e imortalidade da alma. Suas indagações espirituais, no entanto, param por aí; se a alma sobrevive à morte física por meio de reencarnação ou de ressurreição e as questões a ela relacionadas ficam entregues à decisão de cada maçom, cabendo unicamente a ele escolher a corrente filosófica ou religiosa que mais lhe pareça correta ou lógica, respeitando obviamente a escolha de seus Irmãos; esse respeito às convicções alheias é o que entendemos por tolerância, outra das grandes virtudes cultivadas na ordem maçônica.

2. Somente a democracia, associada à ordem e ao progresso, que são as divisas da Bandeira de nossa pátria, pode propiciar um desenvolvimento integral de determinados valores e virtudes; tais como: a cidadania, a consciência ambiental, a ética, a moral e a espiritualidade. Estes são os demais valores que cultuamos e reverenciamos em nossos Templos.

3. O progresso material e tecnológico das últimas décadas tem propiciado a universalização da informação e da cultura em um ritmo e uma intensidade jamais experimentados pela humanidade. O homem moderno tem acesso às mais diversas e variadas fontes de informação e, com isso, aumenta o seu conhecimento, a sua sabedoria e o seu poder de discernimento, libertando assim a sua mente dos liames da ignorância, da superstição, dos dogmas e dos preconceitos, ou seja, de tudo aquilo que a Maçonaria sempre combateu e combate.

Por esses e por outros motivos, cada vez mais a filosofia maçônica é buscada e valorizada por todos os homens que alcançaram uma certa emancipação cultural e que, no interior de seus Templos, encontram abrigo seguro para realizar um duplo desenvolvimento espiritual: internamente, aperfeiçoando o caráter e as virtudes; externamente, promovendo ações sociais para o bem da humanidade.

Maçonaria e Longevidade

Não é o único objetivo da Maçonaria nem o principal, porém eu o considero extremamente importante: a qualidade de vida do Maçom e as implicações desta com a longevidade.

As Lojas Maçônicas abrigam em seus quadros desde jovens ainda cursando a Universidade até venerandos Irmãos anciões que já criaram seus filhos e netos.

Para os mais jovens a Ordem funciona como uma verdadeira escola de cidadania e liderança, propiciando a oportunidade de progressos espirituais e desenvolvimento de valores cívicos, éticos e morais, capacitando-os a exercerem na sociedade o papel de cidadãos conscientes, formadores de opinião e construtores sociais.

Aos mais velhos, que já cumpriram os seus deveres para com a pátria e a sociedade, que já deram a sua cota de trabalho em prol do bem comum, a Loja continua a oferecer atrativos e sempre continuará a oferecer a oportunidade de horas agradáveis em convívio fraternal, de educação continuada e de um carinho e respeito que, muitas vezes, inexiste no mundo profano.

Em uma sociedade de valores consumistas e descartáveis, na qual o idoso é tido como um fardo ou entrave, as Lojas Maçônicas podem vir a ser um refúgio seguro onde ele se sente valorizado e importante. Testemunhamos em inúmeras Lojas a presença de Irmãos com provecta idade e que, contudo, continuam interessados nas reuniões, nos debates, na beneficência, nos rituais, enfim, em todos os segmentos do trabalho maçônico, seja nos graus simbólicos, seja nos graus filosóficos. Tenho até mesmo a impressão de que nossos velhos Irmãos aposentados são os que mais e melhor contribuem à causa maçônica, oferecendo e dedicando seu tempo livre às tarefas nas quais os mais jovens não encontram tempo para executar. E digo mais: a Maçonaria, em retribuição a tudo isso, proporciona-lhes uma vida mais saudável e mais participativa, fazendo com que se sintam úteis e motivados. Resultado: melhor qualidade de vida e maior longevidade, como provam as estatísticas.

O verdadeiro Maçom, aquele que recebeu de fato a Luz no dia de sua iniciação, percebe desde o início que o trabalho maçônico o acompanhará por toda a vida e que, certamente, continuará após a sua passagem para o Oriente Eterno, na Grande Loja da Eternidade.

O Copo D'água e o Tronco de Beneficência

O Copo d'água não consta em nossos *Landmarks*, não está previsto em nossos rituais, e nem sequer é mencionado na Constituição da nossa Ordem, mas faz parte da tradição maçônica e de nossos "usos e costumes". Ignorado pela literatura maçônica e, praticamente, desconhecido pela História Oficial da Arte Real, ele existe e é onipresente em todas as nossas reuniões, sejam elas ordinárias, administrativas ou magnas. Com ele, encerramos com chave de ouro todos os nossos encontros. Nele, muitas vezes, mais efetivamente do que em Loja, traçam-se os rumos a seguir, definem-se estratégias, elaboram-se soluções. Por meio dele, os Irmãos têm a oportunidade de estreitarem os laços de amizade e de fraternidade, assim como a oportunidade de efetuarem, com maior efetividade e afetividade, aquela tão salutar e necessária "troca de ideias e de informações" que tanto engrandecem e dignificam os seres humanos. Também é natural e legítimo, que nesses momentos tão agradáveis possam, eventualmente, surgir brincadeiras, risadas e piadas (atividades tão habituais a todos aqueles que "estão entre os seus" e que "se sentem em casa"); o que não nos parece salutar é quando as risadas transformam-se em gargalhadas e as brincadeiras transformam-se em grosserias; o que não nos parece salutar é quando a "troca de ideias" transforma-se em "festival de piadas". Mas, apesar dos pesares, entende-se que, depois de um dia árduo de trabalho, após duas horas de concentração e disciplina ritualística, há uma necessidade de relaxar, de desconcentrar...

À parte de alguns excessos, o Copo d'água é aquilo que os estudiosos classificariam como uma catarse, essencial para o requilíbrio de nossas energias; repomos, assim, nossas energias espirituais pela confraternização, e nossas energias físicas por meio da alimentação (no caso, pizzas, sanduíches, salgadinhos ou jantares, conforme a Loja e/ou o poder aquisitivo dos Irmãos).

Nada tenho contra o Copo d'água e, normalmente, dele também participo e aprecio com alegria; em companhia de meus Irmãos, passo momentos agradáveis que, por vezes, fazem-me esquecer dos problemas e dos transtornos do dia a dia. Mas, é esse o meu desabafo, muitas vezes, também me entristeço com a comparação e a constatação de que, entre o dispêndio com o Copo d'água e os valores depositados no Tronco de Beneficência, existe um abismo. Não entrarei em detalhes numéricos e éticos, por motivos óbvios, mas a desproporção entre os citados valores é, na grande maioria das vezes, estarrecedora. Fico, então, a perguntar-me por que homens iniciados, inteligentes e cultos não se dão conta dessa distorção? Nós, maçons, que apregoamos a prática desinteressada da beneficência (artigo primeiro da Constituição do GOB), deveríamos parar um instante para refletir a respeito dessa triste realidade, recordando (mais uma vez) que, aos olhos do G∴A∴D∴U∴ invertem-se certos valores: pobre é aquele que acumula bens materiais, e rico é aquele que os distribui.

A Maçonaria, como Ordem Iniciática, vem sendo a legítima guardiã e depositária dos antigos tesouros esotéricos, conservados e velados pelo simbolismo; e, mais uma vez, é necessário frisar que nem tudo em nossa Ordem é simbólico, como não é nem deve ser simbólico o óbolo depositado no Tronco de Beneficência.

O Homem, A Evolução e Deus

Antes de Pitágoras a humanidade servia-se dos números única e exclusivamente com propósitos materiais e aplicações práticas. Um dos grandes méritos desse sábio grego foi ter se debruçado sobre os números com uma visão filosófica e transcendental. Depois dele se formou uma corrente de pensamento, dita pitagórica, que até hoje se especula os enigmas do universo tendo como base os números. Um bom exemplo disso, é a explicação numerológica da evolução espiritual do homem e de como, por meio dela, ele se aproxima de Deus, sem jamais a Ele se igualar. Vejamos:

Atribuamos ao homem não espiritualizado o número um, e a Deus o número dez. Na longa escalada evolutiva através de infindáveis reencarnações o homem vai progredindo espiritualmente, ou seja, do número um passa ao dois, deste ao três e assim sucessivamente até alcançar o número nove. É aqui que surge então a dúvida: em seu próximo passo alcançará o dez?

Não. Em seu próximo passo evolutivo alcançará o 9,1 e assim irá prosseguindo, evoluindo, até alcançar o 9,9, depois o 9,91, 9,92 em um processo infinito de evolução, sem, contudo, igualar-se à Divindade.

O Papel da Maçonaria no Mundo Moderno

A enorme polêmica gerada em torno do código que Leonardo da Vinci supostamente incluiu em suas famosas pinturas e quadros suscitou inúmeros questionamentos a respeito do papel de Maria Madalena, do Santo Graal, dos Templários, dos Evangelhos Apócrifos e de muitos outros temas correlatos, trazendo novamente à baila a curiosidade, o debate e a discussão sobre o papel das Sociedades Secretas, do Priorado de Sion, da Opus Dei e, principalmente, da Maçonaria. Os Maçons, que se agrupam atualmente em diversas Obediências mais "discretas" que "secretas", e que se acostumaram a desenvolver suas atividades filantrópicas, sociais, políticas e esotéricas dentro de suas Lojas, na paz e no silêncio de seus Templos e Oficinas, sentem-se realmente "incomodados" com essa súbita notoriedade, com essa ampla repercussão e com o estardalhaço de inverdades que, todos os dias, preenchem as páginas das revistas e dos jornais. Muitos deles procuram então evitar a mídia e os meios de comunicação, esperando que "a poeira se assente" e a Maçonaria possa voltar ao "esquecimento", procuram esquivar-se dos comentários que circulam em toda parte e ignorar os boatos e as difamações que atingem a Ordem Maçônica.

Como Maçom, também me mantive discreto e alheio a tudo isso durante muito tempo, mas para tudo há um limite. Creio que é chegada a hora de vir a público, mostrar o que realmente somos e desmistificar o conceito, cada vez mais difundido, de que a Maçonaria é uma sociedade conspiratória e marginalizada, como a Máfia, cujos membros se reúnem com objetivos e fins inconfessáveis.

E começarei afirmando, em alto e bom som, que a Maçonaria não é uma sociedade secreta, pois tem endereço certo, personalidade jurídica registrada em cartórios, recolhe impostos e taxas como qualquer outra instituição, possui telefone, *e-mail*, *site*, CEP, paga normalmente suas contas de água e luz. E tem mais: é reconhecida oficialmente como uma Entidade de Utilidade Pública pelos governos municipais, estaduais e federais.

Os Maçons trabalham em várias vertentes, sempre voluntariamente, pelo prazer de servir e se dedicar ao bem estar da Pátria e da Humanidade. No campo social, promovem campanhas a favor da doação de sangue e de órgãos, da preservação do meio ambiente, da prevenção do uso de drogas, da ética na política e na cidadania e de mais de uma centena de assuntos de interesses humano e humanitário.

No campo político, a Maçonaria apoia seus membros que se candidatam a cargos eletivos, seja na esfera do poder municipal, estadual ou federal, exigindo deles, porém, um compromisso com as diretrizes de nossa filosofia e de nossos ideais.

No campo filantrópico, mantemos ou ajudamos a manter creches, orfanatos, asilos, escolas e hospitais, sempre no anonimato, sem alardear ou tocar trombetas.

No campo da espiritualidade, procuramos reunir em nossas Lojas homens de todas as crenças e religiões (cristãos, judeus, umbandistas, budistas, espiritualistas, espíritas, etc.), ensinando que a tolerância religiosa é um dos princípios cardeais que regem a sociedade humana. Não fazemos distinção de credo, cor, etnia, grupo social ou grau de instrução.

No campo cultural e educacional, ministramos cursos, muitos deles abertos ao público em geral, versando sobre saúde, filosofia, esoterismo, história, comportamento, civismo, etc.

Promovemos eventos, congressos e debates nos quais se discute e aprimora o simbolismo e a filosofia maçônica.

E qual é essa filosofia? Certamente se perguntará o leitor não Maçom.

Difícil responder em poucas palavras aquilo que se leva anos e anos de estudo para aprender e compreender; contudo, poderemos sintetizar tais ensinamentos com o auxílio de algumas palavras-chave: Iniciação Espiritual, Estudos Esotéricos, Trabalho Desinteressado Para o Bem Estar Da Humanidade, Respeito, Tradição, Combate ao Preconceito, à Ignorância e à Tirania, Investigação Constante da

Verdade, empenho em prol da Liberdade, Igualdade e Fraternidade (que é o nosso lema).

Para ser Maçom é necessário a crença em um Ser Supremo, ao qual denominamos O Grande Arquiteto do Universo; complementarmente, a crença na sobrevivência da alma após a morte física.

E agora você, meu caro leitor não Maçom, provavelmente estará se perguntando:

Mas então, a Maçonaria é uma sociedade perfeita?

E eu lhe responderei:

Sim, embora os seus integrantes não o sejam, pois são humanos e falíveis, são simplesmente homens bem intencionados buscando a verdade e a perfeição. No improvável dia em que um Maçom atinja a perfeição, ele poderá tranquilamente abandonar a Maçonaria, pois ela nada mais terá a lhe oferecer.

Também percebo ou quase adivinho, meu caro leitor, qual seria a sua próxima pergunta:

Como se ingressa na Maçonaria?

E a resposta é que o ingresso somente se dá mediante um convite, formulado por um Mestre Maçom. Não há, como em outras Instituições similares, um "balcão de inscrições".

E é justamente esse detalhe que faz da Maçonaria uma instituição única, inigualável, quase perfeita.

Mas você, meu caro leitor não Maçom, não se deixe desanimar com a minha resposta. A Maçonaria tem olhos e ouvidos por toda parte e, se você é uma pessoa digna, honesta, virtuosa, séria, compromissada com a verdade e a justiça, certamente algum de nossos Mestres Maçons o identificará, mais cedo ou mais tarde, e o convidará a participar de nossos augustos mistérios. E nesse dia lhe será explicado que a Maçonaria é uma Ordem milenar que reúne homens livres e de bons costumes, tratam-se por Irmãos, são sensíveis ao bem e preocupam-se em combater os vícios e exaltar as virtudes para a glória de Deus, o Supremo Arquiteto do Universo.

Poeticamente, quem melhor definiu o que é a Maçonaria foi o ilustre Maçom Januário da Cunha Barbosa, o primeiro Grande Orador do Grande Oriente do Brasil, em 1822:

"Filha da Ciência e mãe da Caridade, fossem todas as instituições como tu, ó santa Maçonaria, e os povos viveriam em uma Idade de Ouro. Satanás não teria mais o que fazer na Terra e Deus teria em cada homem um eleito".

Finalizando essa exposição, tenho a certeza de que você, meu caríssimo leitor não Maçom, estará ainda se perguntando:

Vale a pena ser Maçom?

E eu responderei essa derradeira pergunta fazendo minhas as palavras de Fernando Pessoa:

"Tudo vale a pena, se a alma não é pequena".

O "Tempo de Estudos"

Há uma fórmula quase infalível para gerar na sessão maçônica o tédio, o desinteresse e a sonolência entre os Irmãos. Ela nunca falha e consiste simplesmente em escalar os Irmãos Aprendizes e Companheiros para preencherem o "Tempo de Estudos" com trabalhos de seus respectivos graus. Explico-me: Aprendizes e Companheiros estão na Loja para aprender, nunca para ensinar. Concordo até que possam, esporadicamente, valerem-se do "Tempo de Estudos" para exporem seus conhecimentos profanos, porém maçônicos jamais.

Já vi (e gostei de ter visto) Aprendizes proferirem palestras, até mesmo em Sessões Públicas, abordando temas palpitantes, atuais, profundos: médicos discorrendo sobre Medicina, advogados discorrendo sobre Direito, cabalistas discorrendo sobre Cabala e assim por diante. Convidar, porém, um Aprendiz para discorrer sobre o malho e o cinzel é, no mínimo, improdutivo e entediante, além de pouco ou nada acrescentar à grande maioria dos presentes.

Que o Aprendiz e o Companheiro se manifestem no transcurso da sessão, tudo bem. É até democrático e estimulante vê-los participando dos assuntos administrativos, burocráticos e financeiros da Loja.

Que se manifestem nas "Palavras a Bem da Ordem em Geral e do Quadro em Particular", concordo plenamente.

Mas no "Tempo de Estudos" não.

Já ouvi argumentações (infundadas, a meu ver) indagando "onde, então, deverão ser apresentados os trabalhos escritos, determinados pelo art. 35 e 36 do R∴G∴F∴"?

Na "Ordem do Dia", que é o segmento da sessão apropriado para "assuntos dependentes de discussão e votação, proposições, requerimentos, etc". Sim, porque o trabalho escrito do Aprendiz não é apresentado com o objetivo de "instruir a Loja", mas de demonstrar se ele realmente aprendeu; trata-se não de um ensinamento, mas de um "exame relativo a doutrina do grau" e, após esse exame, o Venerável Mestre convidará o Aprendiz a cobrir o Templo, passando então a Loja a funcionar em Sessão de Companheiro, na qual se abrirá discussão sobre o exame prestado e, encerrada esta, se procederá à votação do aumento de salário.

Quantas Lojas adotam, efetivamente, esses procedimentos? Pelo que sei, poucas.

Voltando, porém, ao tema central, que é o preenchimento do "Tempo de Estudos", remeto o leitor à leitura do Ritual do 1º Grau, no qual se afirma que "O Tempo de Estudos constará de exposição e debate de um assunto de doutrina ou filosofia, legislação, história, instrução do grau e simbologia maçônica, ou técnico, científico ou artístico, de interesse da Ordem ou da Cultura Humana e será feito pelo Ven∴ Mestre ou pelo Orad∴ ou ainda por um Ir∴ previamente designado". Notem bem: prioritariamente, quem instrui a Loja é o Ven:. Mestre, seguido pelo Orad∴ "ou ainda por um Ir∴ previamente designado". E esse Ir:. previamente designado (perdoem-me a redundância) não poderá ser, talvez, um Aprendiz?

Sim, poderá ser, eventualmente, mas nunca rotineiramente.

Onde Está o Nosso Pálio?

Há algum tempo, não sei precisar se quatro ou sete anos, essa precisão só interessará aos historiadores. Os Maçons do R∴E∴A∴A∴ receberam notícias vinculadas a "fontes oficiais" e ao "diz-que-diz" cotidiano, de que os Rituais dos Três Graus Simbólicos iriam sofrer "alterações". Eu, assim como a maioria dos meus Irmãos, esperava ansiosamente que tais alterações fossem para melhor. (e ainda recentemente em nossa Ordem e que talvez não o saibam, pálio significa exatamente isso: proteção... proteção do G... A... D... U... aos trabalhos que se iniciam, proteção aos Obreiros e ao Templo).

Retirou-se, também, do Ritual de Aprendiz a "cena" de "voz soturna" realizada fora do Templo, na qual colocavam-se duas urnas com álcool e acesas ao mesmo tempo em que um Irmão, representando um... (Infelizmente, não posso correr o risco de divulgar, na íntegra, essa belíssima passagem, porque nutro esperanças de que, um dia, ela possa reintegrar-se ao Ritual).

Mas, vocês, Irmãos Aprendizes e Companheiros que não vivenciaram todas essas coisas, perguntem aos Mestres de suas Lojas, e eles relembrarão, com emoção e saudades, de frases como essas:

"– Este clarão pálido e lúgubre é o emblema do fogo sombrio que há de iluminar..." "– Essas espadas, contra vós dirigidas, estão nas mãos de inimigos irreconciliáveis que..." "O – sinal de nossa reprovação vos prederia com a rapidez do relâmpago e aí..."

Eu, como tantos outros Irmãos, quis saber o motivo dessas alterações.

Acredito que uma alteração dessa monta não tenha sido feita aleatoriamente e que, em algum canto de gaveta da burocracia oficial, haja o necessário estudo e a verdadeira justificativa, mas o povo maçônico disso não **participou e nem foi informado**.

As repostas, no entanto, sempre foram evasivas e controversas: "– Fizemos isso para retomar a pureza de nossos Rituais Antigos", informaram-nos oficialmente. Será? Quem fez? Quem autorizou? Nunca consegui saber ao certo. Acredito que uma alteração dessa monta não tenha sido feita aleatoriamente e que, em algum canto de gaveta da burocracia oficial, haja o necessário estudo e a verdadeira justificativa, mas o Povo Maçônico disso não participou nem foi informado. Em alterações assim importantes, não seria a questão realizar um plebiscito? Um abaixo-assinado resolveria? Não sei. Mas a ideia está lançada. Escrevam a este colunista, pois é importante que se ouça a voz dos Irmãos, a voz das Lojas, enfim, a voz do Povo Maçônico.

Tentei fazer uma pesquisa estatística, não metódica, nem abrangente, de como meus Irmãos encaravam todas essas mudanças, e o resultado foi unânime: não encontrei um Irmão, sequer um, que aplaudisse a iniciativa de nossos dirigentes de então.

Os atuais Aprendizes e Companheiros desconhecem esses fatos, mas a maioria dos Mestres Maçons ainda deles se recordará.

Em minha mente, em minha voz, em minha indignação, fica a pergunta que não quer calar: onde está o nosso pálio?

Opiniões

A Const. do G.O.B. permite e assegura ao Maçom o direito de "transferir-se de uma para outra Loja da Federação, observadas as disposições legais" (art.30-VI).

Contudo, apesar de ter esse direito assegurado por lei, muitas vezes o Maçom que se transfere de uma Loja para outra da mesma jurisdição é visto e apontado pejorativamente como alguém volúvel, briguento, problemático e, até mau-caráter.

Face a essa visão preconceituosa, enraizada no imaginário de alguns maçons, perguntei a vários Irmãos, uns que mudaram de Loja e outros que nunca o fizeram, como se deve proceder quando determinada Loja deixa de corresponder às nossas expectativas. As respostas que obtive foram variadas; algumas inteligentes, outras nem tanto.

Vamos a elas:

1. Se algum Irmão não estiver satisfeito com os trabalhos de sua Loja, deve se empenhar ao máximo para expor os motivos de sua insatisfação, conscientizando a Loja da necessidade de mudanças. Se a insatisfação decorrer de problemas legais, a lei deve ser acionada.

2. Nascemos em uma determinada Loja e jamais deveríamos deixá-la, ou seja, onde nascemos (iniciação) é a nossa Loja-mãe e um filho jamais abandona sua mãe.

3. A nossa insatisfação com os rumos da Loja deve ser encarada com uma certa resignação, pois temos a obrigação de aceitar as decisões tomadas pelos nossos Irmãos, desde que tais decisões sejam provenientes de uma ampla deliberação e votação de todos.

4. O Maçom deve buscar para si o melhor e tem todo o direito de solicitar a sua transferência para uma Loja mais fraterna ou mais condizente com os seus objetivos.

5. Se nossas leis permitem a transferência, nada mais há a acrescentar. Cumpra-se a lei.

6. Ninguém ingressa em uma Loja; ingressa-se na Maçonaria e depois se pode escolher a Loja que mais convir à pessoa quanto a horários, dias da semana, objetivos, etc.

7. Rui Barbosa afirmava: "Quando as desgraças baterem a tua porta, muda-te".

Qual dessas respostas será a mais correta?

A meu ver, nenhuma.

Cada caso é um caso e, segundo Buda, a Verdade reside no meio-termo, na justa medida, no caminho do meio.

Passar para Outra Col∴

Tenho repetido inúmeras vezes, em diversas ocasiões (palestras, seminários, conversas, etc.), que o Ritual (não o ato, mas o texto que o orienta) deve ser interpretado, embora muitos afirmem que deva ser simplesmente "seguido". Isso depende do ponto de vista de cada um. O meu é que deve ser "seguido" e interpretado.

Tomemos como exemplo o que ocorre imediatamente após a abert∴ do L∴ L∴:

O V∴ M∴ exclama: – "desde agora, a nenhum Ir∴ é permitido falar ou passar para outra Col∴ nem ocupar-se de assuntos proibidos pelas nossas leis" (Grau I – R∴ E∴ A∴ A∴, pág. 31).

Literalmente, é lícito entender que, desde a Aber∴ Ritualist:. até este momento, os IIr∴ têm permissão para "ocupar-se de tais assuntos", o que é um absurdo; ou de passar de uma para outra Col∴, o que é inaceitável, pois desde o cortejo, no Átrio, todos guardam os respectivos lados de suas CCol∴, de seus lugares, de seus AAlt∴.

Absurdo e inaceitável, considerando-se apenas os aspectos pragmáticos da questão; lógico e coerente, entendendo-se os seus aspectos esotéricos.

De que se ocupam os Maçons em Loja?

Do uso da palavra e do pensamento que a antecede.

A proibição de falar, então, é clara, porque durante os procedimentos litúrgicos não se fala (exceção feita àqueles que profere frases ritualísticas).

A proibição de passar para outra Col∴ também é clara: permaneça o Ap∴ com os seus pensamentos voltados à Força, o Comp∴ à Beleza e o Mest∴ à Sabedoria.

E quanto à "ocupar-se de assuntos proibidos pelas nossas leis?"

Aqui devemos entendê-la como: "ocupar-se mentalmente".

Nossas leis exaltam a Virtude e proíbem o vício.

Fora dos Templos, no mundo profano, ao Maçom é proibido entregar-se aos vícios.

Dentro dos Templos, nas sessões, a proibição é maior, abrangendo inclusive o ato de pensar (ocupar-se) em assuntos materiais e econômicos (posses, dinheiro, promoções, títulos e outros, que embora não se constituem em vícios no mundo profano, convertem-se neles quando trazidos à mente em lugares sagrados).

Esotericamente, tais pensamentos irão espalhar-se pelo Templo, formando uma egrégora adversa, uma energia negativa, que resultará em desarmonia e discórdia, que é exatamente o oposto daquilo que almejamos.

Sete Pequenos Gestos que Valorizam um V∴ M∴

No mês de abril, inicia-se o processo de renovação das administrações de Lojas com a abertura de inscrição aos candidatos a cargos eletivos. Você, meu Irmão, que já é MM∴ há mais de três anos e almeja concorrer à Presidência de sua Loja, atente para estes sete "pequenos conselhos", que me foram transmitidos por experientes Irmãos, durante minha gestão no Veneralato.

1. Agradeça sempre aos Irmãos que chegam atrasados para a sessão maçônica.

Ninguém se atrasa propositadamente e aquele que comparece, ainda que com grande atraso, demonstra interesse em participar, merecendo, por isso mesmo, ser recebido com cordialidade e compreensão.

2. Agradeça sempre, após a leitura dos Certificados de Presença colocados no Saco de PProp∴ e IInf∴, a cada um dos Irmãos que, visitando outras Lojas, estreitam os laços de amizade e ampliam o relacionamento entre Lojas e Irmãos.

3. Respeite o trabalho do M∴ de Harm∴, aguardando que ele conclua uma "frase musical" para, então, reiniciar suas "falas ritualísticas". Não interrompa bruscamente com golpes de malhete a melodia que harmoniza o Templo.

4. Após uma iniciação, com o Copo d´água, convide o novo Apr:. a sentar-se ao seu lado. Prestigie-o com explanações a respeito da Loja e da Obediência.

5. Nas Palavras, para o Bem da Ordem em Geral e para o Quadro em Particular, nunca fale mais que três ou quatro minutos, dando assim um exemplo de bom senso e comedimento. Procure também prestar atenção ao pronunciamento de cada um dos Irmãos, pois quando eles fazem uso da palavra, dirigem-se ao V.M. e esperam que este esteja atento ao que vai ser dito.

6. Promova, sempre que for possível, Sessões Magnas de Palestras, convidando Irmãos ou Profanos de renomado saber que possam efetivamente contribuir para o aprimoramento intelectual, cultural e espiritual de todos os membros da Loja.

7. Convide os MMest∴ de sua Loja a apresentarem trabalhos no Tempo de EEst∴.

Faça o convite pessoalmente, em particular, a cada um deles, sugerindo o tema a ser desenvolvido. Um convite pessoal é muito mais eficiente que uma exortação coletiva.

Sindicâncias

Quantas vezes vocês, meu querido Irmão e leitor, não entraram em uma padaria ou lanchonete ou pizzaria e, com olhos observadores e intelecto crítico, presenciou um possível consumidor dirigir-se ao atendente e perguntar ingenuamente se "o pãozinho é de hoje", ou se "a empadinha está fresca"?

A resposta todos nós sabemos.

Já vi muitas coisas estranhas na vida, mas tenho certeza de que nunca vi e jamais verei uma resposta do tipo: "não, meu caro... a empadinha está aí desde anteontem e eu não a recomendo... escolha outro petisco para comer".

Perdoe-me a comparação grosseira, mas em nossas sindicâncias agimos exatamente como o ingênuo e faminto "freguês da lanchonete":

– Você pratica a filantropia?
– Acredita em um "Ser Supremo"?
– Se for aceito, poderá frequentar a Loja assiduamente?

E o candidato, guiado pela indução dessas perguntas, responde.

Responde aquilo que queremos ouvir, aquilo que o estamos induzindo a falar.

Quantas vezes já aconteceu de o candidato fingir que pratica a filantropia e o sindicante fingir que acredita, de o candidato fingir que acredita em um Ser Supremo e o sindicante fingir que acredita na veracidade da resposta, e assim por diante.

Pode também acontecer de o candidato fingir e o sindicante verdadeiramente acreditar, o que não altera em absoluto o resultado, que continuará sendo falso.

A sindicância é um ato de extrema importância na Maçonaria e não pode ficar à mercê de entrevistadores apressados e entrevistados mal dispostos.

Quando vocês, meu querido Irmão e leitor, vão admitir um novo empregado em sua empresa ou uma nova empregada doméstica em sua residência, exige carta de referência, aplica teste de aptidão, exige um perfil psicológico assinado por profissional competente, consulta a polícia, a justiça e a vizinhança e sabe-se lá mais o quê.

Porque não adotar esses mesmos procedimentos na Maçonaria?

Um Candidato aceito é alguém que irá conviver contigo na mesma Loja, que terá acesso a tua casa e que, acima de tudo, passará a ser teu Irmão.

Em todos os meus anos de Maçonaria, jamais encontrei um "parecer conclusivo do sindicante", afirmando que o candidato não deve ingressar na Ordem; acredito que os haja, mas devem ser raríssimos e, por isso mesmo, constituem uma exceção que apenas confirma a regra.

A responsabilidade de transformar um profano em um Iniciado não é do V∴M∴ ou da Loja, mas sim dos Irmãos Sindicantes.

Titanic

O naufrágio do Titanic, por duas vezes filmado e transformado em sucesso de bilheteria, em ambas as filmagens glamorizou o drama e tratou de esconder algumas verdades que aconteceram nos estaleiros de Southampton, em Belfort, na Irlanda, naquele período que antecedeu o seu lançamento ao mar. Alguns funcionários da White Star Line, todos de altíssimo nível, contando-se entre eles engenheiros navais, projetistas e gerentes departamentais eram ateus e, considerando o navio insubmergível, e para zombarem das crenças religiosas de seus subalternos, gente simples, porém imbuída de fortes princípios espirituais, resolveram escrever no costado do navio: "Nem mesmo Cristo poderá pôr-me a pique" e, na linha de imersão, em letras douradas, complementaram: "Nem Deus nem o céu, e nem a terra poderão afundar-nos". Se bem que as inscrições fossem posteriormente cobertas com verniz, a um exame minucioso, elas ainda se evidenciavam no dia do lançamento.

Um operário indignado escreveu aos seus parentes de Dublin uma carta que até hoje é conservada no museu municipal daquela cidade: "estou convencido de que o navio não chegará à América por causa das blasfêmias inscritas em sua popa e proa".

O comandante Smith, também tocado pela soberba, lamentou que a inscrição não fosse estendida aos pratos, talheres e cinzeiros do navio.

No dia 12 de abril de 1912, o gigante partiu, orgulhoso de suas quatro chaminés, do luxo exacerbado de suas instalações e de seus 2201 passageiros, além da tripulação.

Seu destino: NovaYork.

O final dessa história é bem conhecido: um gigantesco *iceberg,* em uma região onde eles são extremamente raros, colidiu com o navio, no meio da noite.

E o Titanic, o gigante do mar que nem Deus nem o céu, e nem a terra poderiam engolir, foi cortado ao meio pela gélida lâmina.
Deus havia dito "basta!".
Muitos poderiam objetar:
"E todos aqueles que não subscreveram as frases, e nem ao menos com elas concordavam? Pagaram pelos outros? Estendeu-se o castigo a todos?".
Convém lembrar que sobreviveram setecentas e onze pessoas, que são aqueles que, enquanto o navio afundava, certamente murmuraram: "Oh, Senhor meu Deus!".

Tupiniquim

Permite-me o R.G.F. (art.110, parágrafo I) fazer uso do balandrau em sessões não magnas de minha e das demais Lojas maçônicas da Federação. E faço farto uso desse direito que me é facultado pelas nossas Leis. No dia (improvável) que tal lei seja abolida ou revogada, deixarei de usá-lo; porém unicamente à partir desse dia; e digo improvável, porque tenho a convicção de que tal dia não virá, pois acredito nos ventos da modernidade e na sã renovação dos costumes, à medida que os mesmos se tornem anacrônicos ou ultrapassados. Funcionário de banco já foi obrigado a usar terno e gravata diariamente, funcionário público burocrata também, mas os tempos mudam.

Não, não é a apologia do balandrau ou o inconformismo com o terno, pois entendo que cada qual tem seu momento certo de uso: sessão ordinária, balandrau, sessão magna, traje a rigor maçônico.

Há, porém, respeitáveis Irmãos que pretendem ser "mais realistas que o rei" e, comportadíssimos, compareçem até em encontros fora de Loja com suas vestimentas a rigor, modernas, dignas de um *gentleman*. Nada contra eles, que seriam capazes até de irem à praia, em uma manhã de sol de domingo, com seus ternos elegantes, de corte impecável e tecido inglês.

O que não admito, e jamais admitirei, é que nos venham taxar depreciativamente de tupiniquins. Não admito porque tupiniquim, embora com conotação depreciativa, significa "próprio do Brasil, nacional, brasileiro". Consultem o *Aurélio*, se duvidarem.

E se tenho orgulho de algo, é de minha pátria e de minha Loja, na qual se cultua o Pavilhão Nacional e se entoa o Hino Nacional Brasileiro.

Gosto de minha Loja porque nela falamos a nossa língua, valorizamos os nossos costumes, amamos o nosso povo e a nossa gente. Talvez isso incomode alguns respeitáveis irmãos que de bom grado trocariam o nosso "cafezinho" pelo "chá das cinco" (com um pingo de leite, *please*).

A pátria de minha Maçonaria é o Brasil e embora eu reconheça seus vínculos e laços com a Inglaterra, tenho nesse reconhecimento o limite. Sou brasileiro, meu coração é verde-amarelo e brinda esse país tropical, tupiniquim, abençoado por Deus e bonito por natureza.

Quem não quiser, ou não puder, conviver com tupiniquins... que apronte suas malas e vá viver com os *dandies* de outros climas; só que lá, vocês serão os tupiniquins ou os cucarachas.

Um Maçom Chamado Tiradentes

No século XVIII, o ouro e as pedras preciosas marcaram o desenvolvimento econômico de Minas Gerais. A riqueza gerou a opressão e esta gerou a revolta. A revolta produziu seus frutos tardiamente, mas foram os frutos da Independência. Esta é a síntese da Capitania de Minas Gerais e da Inconfidência Mineira, na qual homens abnegados e idealistas sacrificaram suas vidas no Altar da Liberdade; essa é a história da saga de um homem, de um líder, de um maçom chamado Tiradentes. E a História, bem sabemos, é a grande mestra da vida, assim como o passado é uma grande lição, que convém sempre relembrar.

No dia 12 de novembro de 1746, Domingos da Silva Santos e sua esposa Maria da Encarnação Xavier receberam a dádiva do nascimento de seu quarto filho: um menino forte e saudável que recebeu, na pia batismal, o nome de Joaquim José da Silva Xavier, que posteriormente ficou conhecido, mais que pelo próprio nome, pelo seu apelido: "Tiradentes".

De seus três irmãos, sabe-se que dois seguiram a carreira eclesiástica: Domingos, nascido em 1738, e Antonio, nascido em 1745. José, o mais novo, nascido em 1748, seguiu a carreira militar, tendo chegado ao posto de Capitão de Milícia.

Joaquim José da Silva Xavier viveu toda a sua infância ao lado de seus pais na Fazenda do Pombal, antigo Arraial do Rio das Mortes, que mais tarde viria a ser a comarca de São João Del Rey, atualmente, ostenta o nome de seu filho mais ilustre: Tiradentes. No local onde ele nasceu ainda permanecem as ruínas de sua casa, junto a um obelisco e uma placa que marcam a sua memória.

Maria da Encarnação, sua mãe, faleceu quando ele ainda não tinha completado seu nono aniversário; dois anos depois falece seu pai. O menino fica entregue aos cuidados de Domingos, seu irmão mais velho, que o instrui, ensina e orienta. Sem ter tido a oportunidade de prosseguir seus estudos, o jovem passa, desde cedo, a exercer diversas profissões, tais como: mascate e minerador.

Somente alguns anos depois, com o seu padrinho de batismo, Sebastião Ferreira Leite, aprende a profissão de "dentista prático" (naquela época ainda não existiam, no Brasil, as Faculdades de Odontologia). Demonstrando grande habilidade e maestria, torna-se um profissional competente e requisitado; é dessa época que vem a sua alcunha.

Aos 29 anos (1775), sente-se atraído pela carreira das armas e alista-se na Sexta Companhia do Primeiro Regimento Real de Cavalaria dos Dragões da Tropa, subordinada à Capitania de Minas Gerais, que deu origem a atual Polícia Militar do Estado de Minas.

Tiradentes permanece, por 12 anos, na dura vida militar, atuando em comandos e patrulhas nas perigosas estradas que ligavam Minas Gerais ao Rio de Janeiro. Recebe, em diversas ocasiões, elogios pela sua atuação, inclusive do próprio Governador da Capitania.

Entretanto, apesar de sua bravura e competência, não recebe promoções à altura de seu valor e, assim, vamos encontrá-lo, doze anos depois, no posto de Alferes de Cavalaria, posto que hoje corresponderia a Segundo Tenente. Desgostoso, pede baixa em 1787.

Ao retornar a vida civil, Tiradentes vem a conhecer o doutor José Álvares Maciel, que a pouco retornara da Europa, onde concluíra a Universidade de Coimbra e fora iniciado em uma Loja da Maçonaria Francesa, em Montpellier.

José Álvares Maciel, entusiasmado com as ideias libertárias da Maçonaria Francesa, procurava desenvolver em terras brasileiras o culto à Arte Real, arregimentando homens com ideais renovadores e inclinações conspiratórias que não demonstrassem medo ou receio em contrapor-se ao jugo da Coroa Portuguesa a qual, com a cobrança de pesadíssimos impostos (o "quinto do ouro"), enriquecia cada vez mais os cofres de Portugal, deixando a míngua os brasileiros que trabalhavam duramente na extração de minérios daquela região, que qual, por esse motivo, recebeu o nome de Minas Gerais.

A Maçonaria, naqueles tempos heroicos, constituía-se verdadeiramente de uma Sociedade Secreta que conspirava contra as tiranias e as opressões. As Lojas eram fundadas com nomes "fantasia", tais como: Agremiação, Grêmio, Sociedade Literária, Arcadia, Academia e outras. Tiradentes foi, provavelmente, iniciado em uma dessas "Lojas" ou, talvez, por "comunicação", como hoje se faz em alguns graus filosóficos. Quem o iniciou, foi o doutor José Álvares Maciel, seu introdutor no universo maçônico, no qual havia grupos de Irmãos que se empenhavam em preparar os caminhos da revolução (Inconfidência).

Tiradentes iniciou sua atuação no Arraial de Tejuco (atual Diamantina), em uma Loja presidida por José da Silva Oliveira. Ali, tramou-se o levante programado para o dia da "derrama" (cobrança abusiva de impostos). A senha seria: "Tal dia é o batizado".

Em Ouro Preto, Tiradentes propõe que a Nova República deveria ter uma bandeira e sugere que ela tenha um triângulo (maçônico) em vermelho sobre um fundo branco. A inscrição "Libertas Quae Sera Tamem" (Liberdade, ainda que tardia) originou de uma sugestão de Alvarenga Peixoto, inspirado no célebre poeta Virgílio. Se a Inconfidência fracassou, a bandeira permanece, até os nossos dias, glorificando os heróis de Minas Gerais. No entanto, só fracassou porque um traidor infiltrou-se entre eles. Seu nome: Joaquim Silvério dos Reis; sua profissão: contratador; seu motivo aparente, para insurgir contra a Coroa Portuguesa: uma imensa dívida para com os Cofres Reais, somando mais de 172 contos de reis; seu motivo oculto: delatar os amigos e, assim, obter o perdão de sua dívida junto ao Governador da Capitania, Luis Antonio Furtado de Castro, o Visconde de Barbacena.

Tiradentes foi preso na Rua dos Latoeiros, no Rio de Janeiro, em 10 de maio de 1789.

Após quatro interrogatórios, confessa sua participação e liderança no movimento.

Quase todos os inconfidentes eram Maçons, inclusive 5 sacerdotes (naqueles tempos a Igreja ainda não havia proibido sua participação na Maçonaria). Doze participantes foram condenados à morte.

O processo durou aproximadamente três anos e, em 20 de abril de 1791, uma nova sentença foi proferida: somente Tiradentes foi condenado à morte; seus companheiros foram deportados para a África e os 5 sacerdotes encaminhados para a prisão em um mosteiro português.

No fatídico 21 DE ABRIL DE 1792, Tiradentes sobe ao cadafalso na Praça da Lampadosa (hoje, Praça Tiradentes). A Rainha de Portugal, D. Maria I, expediu ordens severas para que, no dia da execução, a cidade estivesse em clima festivo.Tiradentes percorre a cidade em duas horas, arrastado por uma corda, acompanhado de bandas de música e o Regimento de Cavalaria em uniforme de gala. Soldados portugueses aplaudiam.

Suas últimas palavras: "Morro pela Liberdade. Se dez vidas tivesse, as daria para o Brasil".

Enforcado, depois decapitado e esquartejado, seus restos mortais foram expostos em estacas nos lugares onde, em vida, frequentou e discursou. Sua cabeça foi colocada em uma gaiola na Praça que hoje tem o seu nome, e lá permaneceu vigiada, dia e noite, por soldados. Uma noite, porém, dois mascarados surgiram e, enquanto um deles estrangulava o soldado que vigiava, o outro fugia com a gaiola. A História não menciona quem foram esses homens. Talvez tenham sido Maçons que desejassem dar, ao menos na morte, um destino decente àquele que hoje é o Patrono Cívico da Nação Brasileira.

Uma História de Marinheiros

Conta-se que, há muito tempo atrás, um grupo de homens livres, interessados em navegar pelos mares da sabedoria e pelos oceanos da espiritualidade, reuniu-se convictos de que, nas duras lides marítimas, acabariam por disciplinar melhor as suas paixões, fortalecer as suas virtudes e fazer novos progressos na senda da vida. Não eram homens perfeitos, mas buscavam a perfeição.

Resolveram, então, construir um grande barco e, ao fim de um longo, penoso e árduo trabalho, lançaram-se ao mar, não da sabedoria ou da espiritualidade, mas ao mar propriamente dito, por acreditarem que um dia acabariam encontrando a rota que os conduziria aos tão almejados ideais.

Democraticamente, como convém a homens livres, escolheram dentre eles um que os conduziria e entregaram-lhe o comando da embarcação.

E o barco lançou-se ao mar.

Todos tinham plena consciência de que a viagem seria eterna, o percurso infinito e o ideal, que é a perfeição, inalcançável; mas, apesar disso, entendiam que a empreitada era nobre e que o trabalho conjunto fortaleceria a união, o companheirismo e a fraternidade do grupo; sabiam que o simples fato da busca os faria crescer em ética, moral e espiritualmente.

Ficou acertado que, de tempos em tempos, o comandante e seus oficiais seriam substituídos sempre por votação livre e democrática, para que todos pudessem desenvolver as suas qualidades latentes de liderança e realização.

Um dia, porém, aconteceu, como sempre acontece onde se cultiva a democracia, que à época da eleição do novo comandante, havia mais candidatos do que cargos e, consequência lógica, óbvia e natural, uns venceram e outros perderam.

E os perdedores, maus perdedores, não se conformando, reuniram-se e uniram-se entre si, para tramar um louco intento: a sabotagem.

Nas sombras dos porões do velho navio, estabeleceram o seu plano de ação, que consistiria em desobedecer às ordens, espalhar boatos, alterar mapas e desorientar bússolas. A culpa recairia no comandante e em seus oficiais e, assim, seria fácil convencer a tripulação de que ela fizera a escolha errada. Fariam tudo isso lentamente, gradativa e estrategicamente, em ações organizadas e crescentes, até a época das próximas eleições, preparando os caminhos que os conduziriam ou reconduziriam ao poder.

Cegos pela cobiça e pela ambição, não percebiam que, com essa atitude insana, estavam desvirtuando o principal objetivo da viagem, que é alcançar o mar da sabedoria e o oceano da espiritualidade. Desvairados e perdidos em suas vaidades, não atinavam que, sabotando o barco, este não chegaria a lugar algum e eles, mesmo vencedores, seriam vencedores de nada, em uma batalha inglória e inútil, já que o barco acabaria por naufragar ou encalhar.

O final dessa história não se sabe, até porque foi dito antes que a viagem seria eterna e o percurso infinito, portanto, sem final. Além disso, trata-se somente de uma história...ou estória...como queiram.

Uma Velha Anedota

O Irmão Antigus foi iniciado na Arte Real com a provecta idade de 72 anos, em uma Loja na qual a idade média dos Irmãos era de 75 anos; portanto, foi saudado na sua iniciação como "sangue novo" para a velha Loja.

Homem sério, sisudo, cumpridor de seus deveres e detalhista ao extremo, passou rapidamente de Aprendiz a Companheiro, de Companheiro a Mestre e, elegendo-se Secretário da Loja, exerceu o cargo com tal maestria e dedicação que, ao final do mandato foi reeleito.

Avesso às modernidades da era digital, redigia os balaustres e as atas com caneta-tinteiro, mata-borrão e escrita gótica; e não admitia erros, sejam eles de concordância, acentuação, conjugação ou pontuação.

Em certa ocasião, no decorrer de uma sessão magna de Iniciação, estava ele compenetrado na redação da ata quando, inadvertidamente, cometeu um pequeno lapso (erros ele jamais cometeria, naturalmente) ao suprimir uma das vogais do nome do candidato, que se chamava Diogo. Ficou assim:

... Sessão Magna de Iniciação do Profano Digo...

Percebendo a falha, o Irmão Antigus não se deixou abalar e procedeu como os velhos notários e oficiais de tabelionatos nos tempos de antanho, apondo em sequência à palavra errada a palavra "digo". Contudo, ao fazê-lo, cometeu um segundo erro e, ao invés de escrever "digo", escreveu "Diogo", talvez por ter ainda em mente o nome do Neófito. Ficou assim:

... Sessão Magna de Iniciação do Profano Digo, Diogo...

Irritado por ter cometido dois "lapsos" seguidos, resolveu prosseguir na redação e, ao final, fazer uma "observação", como faziam nos tempos de antanho os velhos notários e oficiais de tabelionatos. Ficou assim:

... Sessão Magna de Iniciação do Profano Digo, Diogo Alves da Silva....

Ao final da ata, fez a seguinte observação:

Observação: onde digo digo não digo digo, digo Diogo e onde digo Diogo não digo Diogo, digo digo.

E ponto final.

Fontes de Consulta e Inspiração

ALVES, CASTRO. *Espumas Flutuantes*. ED. MELHORAMENTOS, 1966
ASLAN, N. *Pequena Biografia de Grandes Maçons Brasileiros*. ED. MAÇÔNICA, 1953
BARBOSA, RUI. *Cadernos de Discursos*. ED. TIRADENTES, 1972
BILAC, OLAVO. *Tarde*. ED. PARANAENSE, 1970
EDINGER, EDWARD F. *Ego e Arquétipo*. ED. CULTRIX, 1992
FOLHETO: *O Que é a Maçonaria*.
HUGO, VICTOR. *Obras Completas*.
KIPLING, RUDYARD. *Contos e Poesias*. ED. MELHORAMENTOS, 1961
MATTOS, RUBENS BARBOSA DE. *Nós Somos o G∴O∴B∴*. ED. G∴O∴B∴
PAPINI, GIOVANNI. *Obras Completas*. ED. TURIM.
PESSOA, FERNANDO. *Poemas Escolhidos*. ED. KLICK, 1998
PITIGRILLI. *O Colar de Afrodite*. ED. VECCHI, 1943.
PLATÃO. *Apologia de Sócrates*. ED. TECNOPRINT, 1983.
QUADROS, JÂNIO DA SILVA. *Cadernos de Discursos*. ED. TIRADENTES, 1975
QUAGLIA, VICENTE CELSO. *Oratória*. ED. IBEL, 1960.
REIS, SÓLON BORGES DOS. *A Condição Humana*. ED. PANNARTZ, 1992.
——. *Carrossel do Tempo*. ED. PANNARTZ, 1992.
SAGRADA, BÍBLIA. *Sociedade Bíblica do Brasil*. 1987.
VIEIRA, PADRE ANTONIO. *Os Sermões*. ED. CULTRIX.

Obras Recomendadas

ABREVIATURAS MAÇÔNICAS, AS – *Carlos Alberto Baleeiro Beltrão*
ÁPICE DA PIRÂMIDE, O – *Rizzardo da Camino*
APRENDIZ MAÇOM, O – **As Benesses do Aprendizado Maçônico** – *Rizzardo da Camino*
BREVIÁRIO MAÇÔNICO – *Rizzardo da Camino*
APRENDIZ MAÇOM – **Seus Mistérios e seu Simbolismo** – *Alberto Victor Castellet, David Caparelli e Gil Teixeira Lino*
CATECISMO MAÇÔNICO – **Aprendiz, Companheiro e Mestre** – *Rizzardo da Camino*
COMPANHEIRISMO MAÇÔNICO, O – *Rizzardo da Camino*
DICIONÁRIO FILOSÓFICO DE MAÇONARIA – *Rizzardo da Camino*
DICIONÁRIO MAÇÔNICO – *Rizzardo da Camino*
ESOTERISMO NA RITUALÍSTICA MAÇÔNICA – *Eduardo Carvalho Monteiro*
ESPADA NA MAÇONARIA E NA HISTÓRIA, A – *Wilson Veado*
FOLHA NA LUZ ASTRAL, UMA – *José Ebran*
FUNDAMENTOS DA MAÇONARIA – *Joaquim Roberto Pinto Cortez*
GRAUS INEFÁVEIS, OS – (4º ao 14º) **Rito Escocês Antigo** – *Rizzardo da Camino*
INICIAÇÃO MAÇÔNICA – *Rizzardo da Camino*
INICIADO, O – **Drama Cósmico Maçônico** – *Élcio Souto*
KADOSH – **Do 19º ao 30º** – *Rizzardo da Camino*
MAÇONARIA – **Lendas, Mistérios e Filosofia Iniciática** – *João Antônio Ardito*

MAÇONARIA – **Raízes Históricas e Filosóficas** – *Eleutério Nicolau da Conceição*

MAÇONARIA MÍSTICA – *Rizzardo da Camino*

MAÇONARIA NA HISTÓRIA E NO MUNDO, A – **Origens – Lutas – Atuação** – *Eleutério Nicolau da Conceição*

MAÇONARIA UNIVERSAL – **Um Novo Guia para o Mundo Maçônico** – *Kent Henderson e Tony Pope*

MANUAL HERÁLDICO DO RITO ESCOCÊS ANTIGO E ACEITO – **19º ao 33º – Colorido** – *José Castellani e Cláudio R. Buono Ferreira*

MESTRADO MAÇÔNICO, O – *Rizzardo da Camino*

NÚMERO SETE, O – *Albany Braz*

PRÍNCIPE ROSA-CRUZ E SEUS MISTÉRIOS, O – *Rizzardo da Camino*

QUE É MAÇONARIA, O – **A Maçonaria Mais Discreta do que Secreta** – *Alberto Victor Castellet*

RITO ESCOCÊS ANTIGO E ACEITO – **1º ao 33º – 2ª Edição** – *Rizzardo da Camino*

RITUALÍSTICA MAÇÔNICA – *Rizzardo da Camino*

SAGRADOS RITUAIS MAÇÔNICOS DAS FLORESTAS, OS – *Príncipe Asklépius D'Sparta*

TEMPLÁRIOS, OS – **Irmãos em Cavalaria** – *Frederick Smyth*

SIMBOLISMO DO 1º GRAU – APRENDIZ – *Rizzardo da Camino*

SIMBOLISMO DO 2º GRAU – COMPANHEIRO – *Rizzardo da Camino*

SIMBOLISMO DO 3º GRAU – MESTRE – *Rizzardo da Camino*

VADE-MÉCUM DO SIMBOLISMO MAÇÔNICO – *Rizzardo Camino e Odéci Schilling da Camino*

VISÃO GLOBAL DOS 33 GRAUS DO R.E.A.A., UMA – *Walter Pacheco Jr.*

MADRAS® Editora

Para mais informações sobre a Madras Editora,
sua história no mercado editorial
e seu catálogo de títulos publicados:

Entre e cadastre-se no site:

www.madras.com.br

Para mensagens, parcerias, sugestões e dúvidas, mande-nos um e-mail:

marketing@madras.com.br

SAIBA MAIS

Saiba mais sobre nossos lançamentos,
autores e eventos seguindo-nos no facebook e twitter:

@madrased

/madraseditora